Die Symbolik der Pflanzen

**Über die Äpfel der ewigen Jugend
und die beschützende Eberesche,
über das nährende Korn
und die Mistel des Todes**

Band 45 der Reihe „Die Götter der Germanen"

Bücher von Harry Eilenstein:

- Astrologie (496 S.)
- Photo-Astrologie (64 S.)
- Tarot (104 S.)
- Handbuch für Zauberlehrlinge (408 S.)
- Physik und Magie (184 S.)
- Der Lebenskraftkörper (230 S.)
- Die Chakren (100 S.)
- Meditation (140 S.)
- Drachenfeuer (124 S.)
- Krafttiere – Tiergöttinnen – Tiertänze (112 S.)
- Schwitzhütten (524 S.)
- Totempfähle (440 S.)
- Muttergöttin und Schamanen (168 S.)
- Göbekli Tepe (472 S.)
- Hathor und Re:
    Band 1: Götter und Mythen im Alten Ägypten (432 S.)
    Band 2: Die altägyptische Religion – Ursprünge, Kult und Magie (396 S.)
- Isis (508 S.)
- Die Entwicklung der indogermanischen Religionen (700 S.)
- Wurzeln und Zweige der indogermanischen Religion (224 S.)
- Der Kessel von Gundestrup (220 S.)
- Cernunnos (690 S.)
- Christus (60 S.)
- Odin (300 S.)
- Die Götter der Germanen (Band 1 – 80)
- Dakini (80 S.)
- Kursus der praktischen Kabbala (150 S.)
- Eltern der Erde (450 S.)
- Blüten des Lebensbaumes:
    Band 1: Die Struktur des kabbalistischen Lebensbaumes (370 S.)
    Band 2: Der kabbalistische Lebensbaum als Forschungshilfsmittel (580 S.)
    Band 3: Der kabbalistische Lebensbaum als spirituelle Landkarte (520 S.)
- Über die Freude (100 S.)
- Das Geheimnis des inneren Friedens (252 S.)
- Von innerer Fülle zu äußerem Gedeihen (52 S.)
- Das Beziehungsmandala (52 S.)
- Die Symbolik der Krankheiten (76 S.)

Kontakt: www.HarryEilenstein.de / Harry.Eilenstein@web.de
Impressum: Copyright: 2011 by Harry Eilenstein – Alle Rechte, insbesondere auch das der Übersetzung, vorbehalten. Kein Teil des Buches darf ohne schriftliche Genehmigung des Autors und des Verlages (nicht als Fotokopie, Mikrofilm, auf elektronischen Datenträgern oder im Internet) reproduziert, übersetzt, gespeichert oder verbreitet werden.
Herstellung und Verlag: BoD - Books on Demand, Norderstedt
ISBN: 9783743152427

Die Themen der einzelnen Bände der Reihe „Die Götter der Germanen"

1. Die Entwicklung der germanischen Religion
2. Lexikon der germanischen Religion
3. Der ursprüngliche Göttervater Tyr
4. Tyr in der Unterwelt: der Schmied Wieland
5. Tyr in der Unterwelt: der Riesenkönig Teil 1
6. Tyr in der Unterwelt: der Riesenkönig Teil 2
7. Tyr in der Unterwelt: der Zwergenkönig
8. Der Himmelswächter Heimdall
9. Der Sommergott Baldur
10. Der Meeresgott: Ägir, Hler und Njörd
11. Der Eibengott Ullr
12. Die Zwillingsgötter Alcis
13. Der neue Göttervater Odin Teil 1
14. Der neue Göttervater Odin Teil 2
15. Der Fruchtbarkeitsgott Freyr
16. Der Chaos-Gott Loki
17. Der Donnergott Thor
18. Der Priestergott Hönir
19. Die Göttersöhne
20. Die unbekannteren Götter
21. Die Göttermutter Frigg
22. Die Liebesgöttin: Freya und Menglöd
23. Die Erdgöttinnen
24. Die Korngöttin Sif
25. Die Apfel-Göttin Idun
26. Die Hügelgrab-Jenseitsgöttin Hel
27. Die Meeres-Jenseitsgöttin Ran
28. Die unbekannteren Jenseitsgöttinnen
29. Die unbekannteren Göttinnen
30. Die Nornen
31. Die Walküren
32. Die Zwerge
33. Der Urriese Ymir
34. Die Riesen
35. Die Riesinnen
36. Mythologische Wesen
37. Mythologische Priester und Priesterinnen
38. Sigurd/Siegfried
39. Helden und Göttersöhne
40. Die Symbolik der Vögel und Insekten
41. Die Symbolik der Schlangen, Drachen und Ungeheuer
42. Die Symbolik der Herdentiere
43. Die Symbolik der Raubtiere
44. Die Symbolik der Wassertiere und sonstigen Tiere
45. Die Symbolik der Pflanzen
46. Die Symbolik der Farben
47. Die Symbolik der Zahlen
48. Die Symbolik von Sonne, Mond und Sternen
49. Das Jenseits
50. Seelenvogel, Utiseta und Einweihung
51. Wiederzeugung und Wiedergeburt
52. Elemente der Kosmologie
53. Der Weltenbaum
54. Die Symbolik der Himmelsrichtungen und der Jahreszeiten
55. Mythologische Motive
56. Der Tempel
57. Die Einrichtung des Tempels
58. Priesterin – Seherin – Zauberin – Hexe
59. Priester – Seher – Zauberer
60. Rituelle Kleidung und Schmuck
61. Skalden und Skaldinnen
62. Kriegerinnen und Ekstase-Krieger
63. Die Symbolik der Körperteile
64. Magie und Ritual
65. Gestaltwandlungen
66. Magische Waffen
67. Magische Werkzeuge und Gegenstände
68. Zaubersprüche
69. Göttermet
70. Zaubertränke
71. Träume, Omen und Orakel
72. Runen
73. Sozial-religiöse Rituale
74. Weisheiten und Sprichworte
75. Kenningar
76. Rätsel
77. Die vollständige Edda des Snorri Sturluson
78. Frühe Skaldenlieder
79. Mythologische Sagas
80. Hymnen an die germanischen Götter

Inhaltsverzeichnis

I	Pflanzen in der germanischen Mythologie	6
II	Anrufung der Erde aus einem Kräuterbuch aus dem 12. Jahrhundert	7
III	Die einzelnen Pflanzen	10

1. Alraune	10
2. Ampfer	13
3. Apfel	14
4. Baldrian	31
5. Bärlapp	32
6. Basilikum	33
7. Beifuß	34
8. Bertram	36
9. Bertramsgarbe	37
10. Betonica	39
11. Bilsenkraut	40
12. Brombeere	43
13. Distel	44
14. Donnerrebe	47
15. Eberesche	48
16. Efeu	55
17. Eibe	57
Eiche => Weltenbaum (Band 53)	
18. Eicheln	58
19. Eisenkraut	60
20. Farn	61
21. Fenchel	63
22. Fieberkraut	64
23. Flachs	66
24. Frauenhaarfarn	67
25. Gallapfel	67
26. Gänsefuß	68
Getreide => Korn	
27. Gewöhnlicher Flachbärlapp	69
28. Gundelrebe	69
29. Hanf	70
30. Haselstrauch und Walnußbaum	71
31. Heilziest	81
32. Holunder	82
33. Honigtau	83
34. Johanniskraut	84

35. Kamille	84
36. Kerbel	85
37. Klee	86
38. Korn (Getreide)	87
39. Kräuter	122
40. Kreuzblume	131
41. Kreuzkraut	131
42. Lauch	132
43. Löwenmäulchen	133
44. Mangold	134
45. Märzviole	134
46. Mehlbeere	135
47. Mehltau	136
48. Mistel	137
49. Nessel	146
50. Nieswurz	148
51. Oregano	149
52. Rose	150
53. Salbei	151
54. Schachtelhalm	153
55. Schafgarbe	154
56. Schaumkraut	156
57. Schierling	157
58. Seidelbast	158
59. Teufelsabbiß	158
Verbene => Eisenkraut	
Walnuß => Haselstrauch	
60. Wegerich	159
61. Wegerich, Wegetritt, Wegwarte	161
Weltenbaum => Band 53	
62. Wucherblume	162
63. Wurzel	163
IV Ein Erdheilungszauber aus dem Buch „Lacnunga" aus dem 11. Jahrhundert	**164**
V Gruppen von Pflanzen mit ähnlicher Symbolik	**168**
VI Erlebnisse mit Pflanzen	**173**
Themenverzeichnis	181

I Pflanzen in der germanischen Mythologie

In diesem Buch sind nicht alle Informationen, die es aus dem Bereich der Germanen, also aus Deutschland, Niederlande, Dänemark, Schweden, Norwegen, Großbritannien, Island usw. gibt, betrachtet worden, sondern nur diejenigen, die sich in der älteren Literatur finden.

Der Schwerpunkt dieses Buches ist auch nicht eine möglichst präzise Heilkräuterkunde, zu der es ja bereits eine Fülle von Büchern gibt, sondern eben die Betrachtung der Symbolik der Pflanzen in den alten germanischen Schriften – dies liegt auch schon darin begründet, daß es kaum germanische Heilkräuter-Rezepte gibt. Der Zweck dieser Betrachtungen in diesem Buch ist in erster Linie das Bestreben, die germanische Überlieferung selber besser verstehen zu können.

Trotzdem können diese Texte natürlich auch eine Bereicherung für die Kräuterkunde sein, da die Menschen mit sehr großer Wahrscheinlichkeit schon seit der Altsteinzeit die Pflanzen auf deren Heilwirkung hin untersucht haben werden – darin bilden die Germanen keine Ausnahme.

Ein weiterer möglicher Nutzen dieses Buches ist der Vergleich der Pflanzensymbolik mit den Wirkungen der homöopathischen Heilmittel, da diese oft eng mit der Symbolik und der „Mythen-Geschichte" der betreffenden Pflanze verknüpft sind.

II Anrufung der Erde

In einem Kräuterbuch aus dem 12. Jahrhundert findet sich eine Anrufung der Erde, in der ein Kräutersammler oder eine Kräutersammlerin um Hilfe für ihre Tätigkeit bittet.

Diese Anrufung hat schon einen leichten christlichen „Anstrich" erhalten, aber im Wesentlichen ist sie noch immer ein Gebet an Mutter Erde geblieben.

II 1. Kräuterbuch aus dem 12. Jahrhundert

Erde, göttliche Mutter,
Mutter Natur, die Du alle Dinge hervorbringst
und die Du die Sonne neu gebierst,
die Du allen Völkern gegeben hast;
Wächterin des Himmels und des Meeres
und aller Götter und Mächte,
durch Deine Macht wird die ganze Natur still
und sinkt in Schlaf.
Und dann bringst Du wieder das Licht zurück
und vertreibst die Nacht
und dann bedeckst Du uns wieder
aufs Sicherste behütet mit Deinen Schatten.
Du trägst in Dir das unendliche Chaos,
ja, und Winde und Regen und Stürme;
Du sendest sie aus, wann Du willst
und läßt die See sich emporbäumen;
Du vertreibst die Sonne und erweckst den Sturm.
Und wenn Du willst, sendest Du den frohen Tag aus
und gibst die Speise für das Leben in ewiger Gewißheit;
und wenn die Seele fortgeht, dann kehren wir zu Dir zurück.
Du wirst mit Recht die große Mutter der Götter genannt;
Du herrschst durch Deinen göttlichen Namen.
Du bist die Quelle der Stärke der Völker und der Götter,
ohne Dich kann nichts vollendet oder geboren werden,
Du bist die Königin der Götter.
Göttin! Ich verehre Dich als göttlich,
ich rufe Deinen Namen an,

gib mit gerne das, worum ich Dich bitte.
Dann werde ich Dir meinen Dank geben, Göttin,
in ungeteiltem Vertrauen!

Höre mich, ich rufe Dich an,
und gewähre mir die Erfüllung meines Gebetes.
Welches Kraut auch immer Deine Macht erschaffen hat,
gib' es, darum bitte ich, freigiebig allen Völkern,
um sie zu erretten und um mir dieses Heilmittel zu geben.
Komme zu mir mit Deiner Macht,
und für wen auch immer ich sie benutze,
mögen sie Erfolg haben,
bei jedem, dem ich sie gebe!
Was immer Du tust, laß' es gedeihen!
Zu Dir kehren alle Dinge zurück.
Die, die rechtens diese Kräuter von mit erhalten,
laß' sie heil werden!
Göttin, ich bitte Dich,
ich bete zu Dir, daß Du, die Gebende,
mir dieses in Deiner Herrlichkeit gewährst!

Nun stelle ich diese Fürbitte
an euch alle, ihr Mächte und Kräuter
und an Deine Herrlichkeit,
an euch, die die Erde geboren hat,
die euch allen Völker als Heilmittel gegeben hat,
die euch Herrlichkeit gegeben hat;
ich bitte euch,
seid der Menschheit von größtem Nutzen!
Dies erbete ich und erbitte ich von euch:
Seid hier mit euren Gaben,
denn die, die euch erschaffen hat,
hat versprochen,
daß ich euch im Wohlwollen dessen sammeln kann,
dem die Kunst der Heilkräuter verliehen wurde,
und gewährt um der Gesundheit willen
gute Heilmittel durch eure Macht!
Ich bitte euch,
gewährt mir durch eure Gaben,
daß das, was immer durch mich geschaffen wird,

*eine gute und schnelle Wirkung
und einen guten Erfolg hat
und daß es mir immer erlaubt sein wird,
durch die Gunst eurer Herrlichkeit
euch in meinen Händen zu sammeln
und eure Früchte aufzulesen.
Ich danke euch im Namen der Herrlichen,
die euch eure Geburt gegeben hat!*

III Die einzelnen Pflanzen

III 1. Alraune

Der Name „Alraune" stammt von „Albrune", was „Alfen-Geheimnisse" bedeutet. Die Alraune (Mandragora officinarum) gehört zu der Familie der Nachtschattengewächse, in der sich viele Giftpflanzen wie der bittersüße Nachtschatten, die Tollkirsche und das Bilsenkraut, Drogen wie der Tabak und Gemüsepflanze wie die Kartoffel und die Tomate finden.

Die Wirkung der Alraune besteht aus Halluzinationen, Atemnot, Durchfall, Erbrechen, Schwindel, Kopfschmerzen und Hyperaktivität. Sie ist vermutlich wie andere Nachtschattengewächse auch für das Hervorrufen von Astralreisen (Verlassen des Körpers) benutzt worden.

Die Alraune wurde auch „Mandragora", „Galgenmännlein", „Zauberwurzel" und im Arabischen „Geister-Ei" und „Apfel der Verrückten" genannt.

III 1. a) Die Sagen der Gebrüder Grimm: Der Alraun

Ein Alraun ist kein Kobold, aber er hat als Jenseitswesen ähnliche Fähigkeiten wie ein Kobold. Der Text stammt von den Angelsachsen in England und wurde ungefähr um 1000 n.Chr. verfaßt.

Es ist Sage, daß, wenn ein Erbdieb, dem das Stehlen durch Herkunft aus einem Diebesgeschlecht angeboren ist oder dessen Mutter, als sie mit ihm schwanger ging, gestohlen, wenigstens groß Gelüsten dazu gehabt (nach andern: wenn er zwar ein unschuldiger Mensch, in der Tortur aber sich für einen Dieb bekennet), und der ein reiner Jüngling ist, gehenkt wird und das Wasser läßt (ut sperma in terram effundit), so wächst an dem Ort der Alraun oder das Galgenmännlein.

Oben hat er breite Blätter und gelbe Blumen. Bei der Ausgrabung desselben ist große Gefahr, denn wenn er herausgerissen wird, ächzt, heult und schreit er so entsetzlich, daß der, welcher ihn ausgräbt, alsbald sterben muß. Um ihn daher zu erlangen, muß man am Freitag vor Sonnenaufgang, nachdem man die Ohren mit Baumwolle, Wachs oder Pech wohl verstopft, mit einem ganz schwarzen Hund, der keinen andern Flecken am Leib haben darf, hinausgehen, drei Kreuze über den Alraun machen und die Erde ringsherum abgraben, so daß die Wurzel nur noch mit kleinen

Fasern in der Erde steckenbleibt. Darnach muß man sie mit einer Schnur dem Hund an den Schwanz binden, ihm ein Stück Brot zeigen und eilig davonlaufen. Der Hund, nach dem Brot gierig, folgt und zieht die Wurzel heraus, fällt aber, von ihrem ächzenden Geschrei getroffen, alsbald tot hin.

Hierauf nimmt man sie auf, wäscht sie mit rotem Wein sauber ab, wickelt sie in weiß und rotes Seidenzeug, legt sie in ein Kästlein, badet sie alle Freitag und gibt ihr alle Neumond ein neues weißes Hemdlein. Fragt man nun den Alraun, so antwortet er und offenbart zukünftige und heimliche Dinge zu Wohlfahrt und Gedeihen.

Der Besitzer hat von nun an keine Feinde, kann nicht arm werden, und hat er keine Kinder, so kommt Ehesegen. Ein Stück Geld, das man ihm nachts zulegt, findet man am Morgen doppelt; will man lange seines Dienstes genießen und sichergehen, damit er nicht abstehe oder sterbe, so überlade man ihn nicht, einen halben Taler mag man kühnlich alle Nacht ihm zulegen, das höchste ist ein Dukaten, doch nicht immer, sondern nur selten.

Wenn der Besitzer des Galgenmännleins stirbt, so erbt es der jüngste Sohn, muß aber dem Vater ein Stück Brot und ein Stück Geld in den Sarg legen und mit begraben lassen. Stirbt der Erbe vor dem Vater, so fällt es dem ältesten Sohn anheim, aber der jüngste muß ebenso schon mit Brot und Geld begraben werden.

III 1. b) Jacob Grimm: Deutsche Mythologie

Unter allen berühmten wurzeln steht die Alrune oben an. schon althochdeutsche glossen liefern alrûna, alrûn für mandragora und ich habe den namen der persönlich gedachten pflanze wol befugt mit dem der weisen frauen unsers höchsten alterthums zusammengestellt.

Hans Sachs schildert noch die Alraun als eine am scheideweg begegnende göttin:

Alrawn du vil güet
mit trawrigem müet
rüef ich dich an;
dastu meinen leidigen man
bringst darzue,
das er mir kein leid nimmer tue.‹

... ...

fraw, du solt haim gan
und solt güeten müet han,
und solt leiden, meiden, sweigen;
thuest du das von allen deinen sinnen,
so machtu wol ein güeten man gewinnen.

... ...
Ähnlich ist ein mittelhochdeutsches gedicht und ein märchen, wo aber der mann, statt der frau, sich am holen baum oder spindelbaum (fusarius) im garten weissagen läßt. Der anruf ›Alrûn, dû vil guote‹ gemahnt an Walthers stelle von der kleidenden schrotenden frô Sælde, wo gleichfalls gesagt ist: ›si vil guote‹.

... ...
Alle diese bestimmungen klingen alt und können hoch hinauf reichen. Schon jene althochdeutschen glossen halten alrûna für die in der vulgata-Bibel Genesis 30, 14 mehrmals vorkommende mandragora, wo der hebräische text dudaim liest, die mittelhochdeutsche dichtung aber erdephil verdeutscht.

... ...
Der semihomo (Halbmensch) mandragoras entspricht jener sage und selbst das vesanum gramen könnte ihr näher entsprechen, als aus den worten erhellt.

... ...
Da französisch mandagloire für mandragore steht, ist gemutmaßt, daß die fee Maglore aus Mandagloire entsprungen sei, und das wäre als bestätigung des analogen verhältnisses zwischen Alrûna und alrûna nicht zu verachten.

... ...
Sie scheint bei nacht wie ein licht, es wird ihr haupt, hände und füße beigelegt, sie soll erst mit eisen umschrieben werden, damit sie nicht entweiche, nicht mit eisen angerührt, sondern mit elfenbeinernem stabe gegraben; vieles gemahnt an lateinische grundlage. statt an den schweif soll an den nacken des hundes gebunden werden. Plinius legt dem mandragoras vim somnificam bei.

III 1. c) Griechen

In Griechenland ist die Alraune der Göttin Aphrodite geweiht gewesen, die daher den Beinamen „Mandragoritis" trug. Evtl. ist jedoch die Tollkirsche und nicht die Alraune gemeint gewesen.

Die Alraune wurde auch für Liebeszauber verwendet – was ja in den Tätigkeitsbereich der Göttin Aphrodite fällt.

> Die Alraune hat die Gestalt eines Menschen und wurde wie eine Göttin angesprochen. Insbesondere ihr Haupt soll des Nachts leuchten, was an eine Sonnengöttin in der Unterwelt erinnert.
> Die Anweisungen zum Ernten der Alraune sind recht aufwendig, was vermuten läßt, daß ihr ältere Rituale und Mythen zugrunde liegen.
> Es ist ungewiß, ob die Alraunen-Geister einen germanischen Ursprung haben – zumindestens gibt es keinen deutlichen Hinweis darauf. Im Mittelmeerraum ist sie hingegen von verschiedenen Völkern auf unterschiedliche Weise verwendet worden.

III 2. Ampfer

III 2. a) Jakob Grimm: Deutsche Mythologie

Hat sich jemand heftig an einer nessel verbrannt, so nimmt man einige blätter von ampfer (rumex obtusifolius, englisch dock, dockon), speit darauf, und reibt damit die verletzte stelle, indem man die worte ausspricht: ›in dockon, out nettle!‹

anderwärts: in dock, out nettle!

schon bei Chaucer: ›nettle in, dock out‹;

mittellateinischer spruch: ›exeat urtica, tibi sit periscelis amica!‹

Übersetzt: „Nessel rein, Ampfer raus!"

Der Ampfer nimmt das, was die Nessel in die Haut gestochen hat, wieder heraus.

> Der Ampfer ist als Heilmittel gegen Brennnessel-Stiche bekannt gewesen.

III 3. Äpfel

Die Äpfel der Göttin Idun gaben den Asen und Wanen ihre ewige Jugend. Als Idun und ihre Äpfel von Thiazi und Loki geraubt wurden, alterten die Götter.
Die Mythen der Idun werden ausführlich in dem Band 25 über „Idun" beschrieben.

III 3. a) Skaldskaparmal

Die Äpfel der Jugend sind das wichtigste, was Idun besitzt, und auch das einzige, was über sie gesagt wird:

Bragis Frau heißt Idun: Sie verwahrt in einem Gefäß die Äpfel, welche die Götter genießen sollen, wenn sie altern; denn sie werden alle jung davon, und das mag währen bis zur Götterdämmerung.

III 3. b) Skaldskaparmal

In der Skaldskaparmal wird die Geschichte des Raubes der Idun und ihrer Äpfel durch Loki und Thiazi, durch den die Asen alt und grau wurden, erzählt. Dabei wird mehrfach auch über Iduns Äpfel berichtet:

Loki schrie und bat den Adler flehentlich um Frieden; der aber sagte, Loki solle nimmer loskommen, er schwöre ihm denn, Idun mit ihren Äpfeln aus Asgard zu bringen. Das bewilligte Loki: da ward er los und kam zurück zu seinen Gefährten; und diesmal wurde von dieser Reise mehr nicht erzählt bis sie heimkamen.
Zur verabredeten Zeit aber lockte Loki Idun aus Asgard in einen Wald, indem er vorgab, er habe da Äpfel gefunden, die sie Kleinode dünken würden; auch riet er ihr, ihre eigenen Äpfel mitzunehmen, um sie mit jenen vergleichen zu können.
Da kam der Riese Thiazi (Tyr) in Adler-Gestalt dahin, ergriff Idun und flog mit ihr fort gen Thrymheim, wo seine Heimstatt war.
Die Asen aber befanden sich übel bei Iduns Verschwinden, sie wurden schnell grauhaarig und alt.

III 3. c) Haustlöng

Die Wirkung der Äpfel der Idun wird auch in diesem alten Lied des Thjodolfr von Hvini beschrieben:

Die Bewohner der Rand-Berge
waren nicht unglücklich darüber,
daß Idun von Süden her
zu den Riesen gekommen war.

Alle Sippen des Yngvi-Freyr,
nun alt und grau,
versammelten sich zum Thing:
die Regin waren häßlich anzusehen.

Die „*Rand-Berge*" sind Utgard, das aus einer Bergkette rings um das Weltmeer bestand. Die „*Bewohner der Rand-Berge*" sind die Riesen.

Der Norden war das kalte Niflheim, das oft auch als Jenseits angesehen wird. Der „*Süden*" war das warme Muspelheim, das entsprechend auch als Diesseits betrachtet wurde. Es gab auch die Vorstellung, das das nördliche Niflheim die „böse kalte Erd-Unterwelt" („Hel/Höhle/Hölle") und das südliche Muspelheim das „gute warme Himmels-Jenseits" (Paradies) war. Die von den Asen im Diesseits/Himmelsjenseits zu den Riesen im Höhlen-Jenseits reisende Idun bewegt sich daher von Süden nach Norden.

Die „*Sippen des Yngvi-Freyr*" und auch die „*Regin*" („Herrscher") sind die Asen. Freyr muß damals eine wichtige Rolle gespielt haben, sonst hätte Thjodolfr die Asen nicht mit einer solcher Kenning bezeichnen können.

In diesem Lied, wird Idun auch als „*die Maid, die die Heilung des hohen Alters der Asen kannte*" umschrieben.

III 3. d) Skaldskaparmal

Die Funktion der Äpfel der Idun war so wichtig, daß sie mit Begriffen des Alterns umschrieben werden konnten:

Wie soll man Idun umschreiben? Solchermaßen: Indem man sie wie folgt nennt: 'Frau des Bragi', 'Bewahrerin der Äpfel'; und die Äpfel sollten 'Alters-Elixier der

Asen' genannt werden.

Die Äpfel haben bei den Germanen die Funktion, die in anderen Mythen die Milch der Göttin als drittes Element der Jenseitsvorstellungen neben der Wiederzeugung und der Wiedergeburt hatte: Die Milch der Göttin war das „Lebenselixier". Das Wiederstillen trat manchmal an die Stelle der eigentlichen Wiedergeburt. Diese „magische Milch" ist bei den Germanen durch die „magischen Äpfel" ersetzt worden.

III 3. e) Odins Rabenzauber

In diesem Lied wird Idun mit „Wächterin des Tranks" umschrieben, was vermuten läßt, daß den Germanen die ursprüngliche Identität der Wirkung der Äpfel der Idun und des Göttermets z.T. noch bewußt gewesen ist.

Der Weise frug die Wächterin des Tranks,
Es frug der Nachkomme der Asen und seine Weggefährten,
Ob sie den Ursprung, die Dauer und das Ende
des Himmels, der Hel und der Erde wisse.

Die Frage nach dem „Ursprung, der Dauer und dem Ende des Himmels, der Hel und der Erde" ist die umfassendste Frage, die einer Seherin gestellt werden kann. Ihre Antwort ist in der „Seherin Vision", dem ersten Lied der Lieder-Edda niedergeschrieben worden.

III 3. f) Thidrek-Saga

Da kam Wielands Bruder zum König. Er hieß Egil. Wieland hatte Boten nach ihm gesandt. Er war der beste Schütze den es gab.
Da wollte der König wissen, ob er ein so guter Schütze war wie gesagt wurde. Egil hatte seinen Sohn mit sich. Der war drei Jahre alt. Der König legte einen Apfel auf sein Haupt und bat Egil den Apfel herunter zu schießen. Egil nahm drei Pfeile aus seinem Köcher und einen in die Hand. Und schoss mit dem ersten den Apfel in zwei Stücke geteilt herunter.
Der König fragte: „Warum nahmst Du drei Pfeile heraus?"
Egil antwortete: „Ich will nicht lügen vor diesen Herren. Hätte ich meinen Sohn mit diesem einen Pfeil getroffen so hätte ich noch diese zwei gehabt, um euch zu

erschießen."
Der König sagte, dies sei nicht unrecht und hielt seitdem viel von Egil.

Diese Szene blieb immer fester Bestandteil der deutschen Sagen. Sie verschob sich von Egil zu Dietrich von Bern und schließlich zu Wilhelm Tell. Möglicherweise geht sie noch weiter zurück zu dem Bogengott Ullr. Falls dies der Fall sein sollte, könnte die Kombination von Vater, Sohn und Apfel etwas mit der Wiedergeburtssymbolik zu tun gehabt haben, da die Äpfel der Idun bei den Germanen wie der Göttermet das Mittel waren, durch das die Asen ihre ewige Jugend erhielten.

III 3. g) Skirnir-Lied

Vermutlich sind die elf goldenen Äpfel, die Skirnir der Gerdr bei seiner Brautwerbung angeboten hat, mit den Äpfeln der Idun identisch.

Der Äpfel elf hab ich allgolden,
Die will ich, Gerda, Dir geben,
Deine Liebe zu kaufen, daß Du Freyr bekennst,
Daß Dir niemand lieber sei.

III 3. h) Jomsvikinga-Saga

In dieser Geschichte erscheinen Äpfel als ein Omen.

König Gormr schickte nun Gesandte zu Jarl Haraldr, um ihn zum Julfest (Mittwinter) *einzuladen. Der Jarl nahm dies gerne an und die Gesandten des Königs fuhren zurück.*
Nun rüstete sich der Jarl zu dieser Fahrt. Als er und seine Leute zum Limfjord kamen, sahen sie dort einen seltsamen, großen Baum stehen. An ihm waren kleine, grüne Äpfel gewachsen und er blühte. Sie wunderten sich sehr. Der Jarl sagte, er halte es für ein schlimmes Vorzeichen, daß so etwas zu dieser Jahreszeit geschah, denn sie sahen dort die Äpfel liegen, die im Sommer gewachsen waren. Sie waren groß und alt. „Wir werden umkehren."
Das taten sie. Der Jarl blieb dieses Jahr zu Hause.
Dem König erschien es seltsam, daß der Jarl nicht kam.

Dieser „seltsame, große Baum" ist offenbar der Weltenbaum. Für diese Deutung spricht auch, daß er zur Zeit der Wintersonnenwende (Jul-Fest) zur gleichen Zeit blühte, neue Äpfel trug und alte Äpfel unter ihm am Boden lagen. Die Äpfel an diesem „zeitlosen Baum" hängen daher evtl. mit den Äpfel der Idun zusammen.

III 3. i) Thorstein Haus-Macht

Als nächstes erblickte Thorstein den Jarl Agdi, der in einer riesigen Wut dahinstürmte. Thorstein folgte ihm bis er zu dem großen Bauernhof kam, in dem Agdi lebte. Dort stand eine junge Frau an dem Tor zum Obstgarten. Ihr Name war Gudrun und sie war groß und sah gut aus. Sie grüßte ihren Vater und frug ihn, was es Neues gäbe.
„Es gibt reichlich Neuigkeiten," sprach er, „König Geirröd ist tot. Godmund von der Glasir-Ebene hat uns alle betrogen."

In dieser Saga, die voll von Motiven aus den Mythen des Tyr ist, erscheint eine Frau am Tor eines Obstgartens. Vermutlich sind sowohl Geirröd als auch Agdir und Godmund ursprünglich Namen und Gestalten des Tyr als Riese im Jenseits gewesen.
Die Glasir-Ebene des Godmund wird der Ort rings um den Weltenbaum Glasir sein – also Asgard. Dasselbe wird auch für den Obstgarten von Agdis Tochter gelten – auch der Apfelbaum der Idun ist der Weltenbaum, neben dem die Halle des Göttervaters Odin steht.
Daher könnte Gudrun, die Tochter des Agdir, vermutlich auf Idun zurückgehen, die auch als Tochter des Iwaldi (Tyr) angesehen wurde.
Der Held Thorstein in dieser Saga ist der Gott Thor aus der Mythe – beide besiegen den alten Gott Tyr bzw. die Tyr-Riesen.

III 3. j) Völsungen-Saga

In dieser Saga findet sich wieder ein umgedeutetes Apfel-Motiv: Da der Apfel die Wiedergeburt im Jenseits durch die Muttergöttin bewirkte, konnte diese Muttergöttin natürlich auch die Geburt im Diesseits mithilfe eines ihrer Äpfel bewirken:

Rerir erlangte in seinen Kriegen große Reichtümer für sich und nahm sich eine Frau, wie er sie passend für sich fand, und sie lebten lange zusammen, aber hatten kein Kind, das ihre Reichtümer hätte erben können; und sie waren beide sehr unzufrieden damit und beteten zu den Göttern mit ihren Herzen und ihren Seelen und baten sie, daß sie ihnen ein Kind schenken sollten.

Und es wird erzählt, daß Frigg ihre Gebete erhörte und Odin erzählte, worum sie gebeten hatten. Er war nicht mittellos und rief seine Wunsch-Magd, die Tochter des Riesen Hrimnir zu sich, legte ihr einen Apfel in ihre Hand und befahl ihr, ihn dem König zu bringen.

Sie nahm den Apfel, zog ihr Krähen-Gewand an und flog davon bis sie dorthin kam, wo der König auf einem Hügelgrab saß, und ließ den Apfel in den Schoß des Königs fallen; er aber nahm den Apfel und ihm dünkte, daß er wisse, wozu dieser er gut sei; so ging er heim von dem Hügelgrab seines Volkes und kam zu der Königin und sie aß einen guten Teil dieses Apfels.

Da, so erzählt die Geschichte, spürte die Königin schon bald, daß sie ein Kind trug, aber es verging eine lange Zeit, ohne daß sie das Kind gebar; so kam es, daß der König auf einen Kriegszug gehen mußte, wie es bei den Königen Brauch ist, damit er den Frieden in seinem eigenen Land wahren konnte: und auf dieser Reise geschah es, daß Rerir krank wurde und starb und er dazu bestimmt war, zu Odin heimzugehen – dies war etwas, das sich in jenen Tagen viele Menschen wünschten.

Der magische Apfel, der den Kinderwunsch des Königs Rerir und seiner Frau erfüllte, ist wahrscheinlich mit den Äpfeln der Idun identisch.

Die Äpfel gehören in dieser Sage unerwarteterweise dem Odin. Da es jedoch in der gesamten Völsungen- und Siegfried-Sage immer Odin ist, der handelnd eingreift, könnte es sich bei Odins Besitz der magischen Äpfel auch um eine Vereinheitlichung der Mythe handeln. Für diese Auffassung spricht, daß nur an dieser Stelle eine andere Gottheit auftritt, nämlich Odins Frau Frigg.

Der Umstand, daß sich derjenige, der diese Sage niedergeschrieben hat, genötigt sah, in hier eine Göttin auftreten zu lassen, läßt vermuten, daß das Motiv der magischen Äpfel so eng mit einer Göttin verbunden war, daß es ein zu arger Bruch mit der Tradition gewesen wäre, die Göttin an dieser Stelle ganz zu ignorieren.

Die Göttin Frigg ist in dieser Szene ganz dem Odin untergeordnet, was sich daraus ergeben haben wird, daß Odin in dieser Sage der Lenker der Geschicke ist.

Das Auftreten der Frigg bedeutet nicht unbedingt, daß die Äpfel mit ihr verbunden gewesen sind, da sie auch an die Stelle einer anderen Göttin getreten sein könnte, als der Verfasser die Sage um den roten Faden von Odins Allmacht gewoben hat und in diesem Zusammenhang eine eigenständig neben Odin stehende Göttin Idun gestört hätte.

Angesichts dieser Bearbeitung der ursprünglichen Mythen in dieser Sage erscheint es durchaus wahrscheinlich, daß der magische Apfel des Odin aus der Eschenholz-Apfelkiste der Idun stammt.

Da es nicht ganz in die damaligen Vorstellungen gepaßt hätte, wenn Odin seine eigene Frau Frigg ausgesandt hätte, um Rerir den magischen Apfel zu bringen, sandte er eine seine Dienerinnen, d.h. ein Walküre aus, die auch ansonsten dafür zuständig sind, Odins Willen umzusetzen – zumindestens in den Mythen und Sagen, die Odins Macht besonders betonen.

Vermutlich war eine Walküre, da diese wie Idun nah mit den Nornen verwandt waren, auch besonders gut dafür geeignet, den Apfel zu überbringen, da sie noch eine gewisse Ähnlichkeit mit der Göttin Idun hatte, der diese Äpfel eigentlich gehörten. Der Bruch mit der Tradition wurde durch das Aussenden einer Walküre etwas kleiner und die Darstellung der Ereignisse somit etwas glaubhafter.

Da die Walküren normalerweise die Seele der toten Krieger aus dem Diesseits abholten, konnten sie auch die Seele eines noch ungeborenen Kindes in das Diesseits bringen – der Weg der Seele war dabei dergleiche, nur die Richtung, in der sie sich bewegte, war umgekehrt.

Letztlich ist natürlich die Krähe, der Schwan und die Walküre selber der Seelenvogel, der durch seine enge Verbindung mit der Muttergöttin, die den Seelenvogel im Jenseits wiedergebiert, auch selber die Gestalt einer „Vogelfrau" erhalten hatte.

Möglicherweise erscheint in dieser Szene eine Krähe und nicht der ansonsten bei den Walküren übliche Schwan, um den Zusammenhang mit Odin, der von seinen beiden Raben Hugin und Munin begleitet wird, zu betonen.

Die Krähe wird ursprünglich einmal die Seele des Kindes des Rerir und seiner Frau gewesen sein, die in den Leib der dann schwangeren Frau eintritt.

Die „Krähen-Walküre" trägt den Namen *„Hljot"* („Gedicht, Lied") und wird als *„Tochter des Riesen Hrimnir"* bezeichnet. „Hrimnir" ist sehr wahrscheinlich der ehemalige Sonnengott-Göttervater Tyr in der Unterwelt.

Rerir erhält den Apfel, während er auf einem Hügelgrab sitzt, was bedeuten wird, daß er ein Utiseta durchführt und die Götter und die Ahnen dort um Hilfe bittet.

III 3. k) Kenningar

Es gibt einige Kenningar, die mithilfe des Wortes „Apfel" gebildet wurden. Der Apfel kennzeichnet in allen diesen Kenningarn lediglich einen in etwa runden Gegenstand.

Herz	*Apfel der Brust*	Apfel = runder Gegenstand	Snorri Sturluson	Skaldskaparmal
Herz	*Apfel der Gefühle*		Snorri Sturluson	Skaldskaparmal
Felseninsel	*Fjord-Apfel*	Apfel = runder Gegenstand = Felseninsel	Eilifir Godrunason	Thorsdrapa

Höhle	*Bau des Fjord-Apfels*	Bau auf einer Felseninsel = Utgard	Eilifir Godrunason	
Riesen	*Männer des Baues des Fjord-Apfels*	Utgard-Männer = Riesen	Eilifir Godrunason	Thorsdrapa

III 3. l) Neunkräuter-Zauberspruch

Der Neunkräuter-Zauberspruch, der um ca. 900 n.Chr. in England niedergeschrieben wurde, enthält als Zutat eines heilenden Zaubertranks u.a. auch Äpfel.

Die neun Zutaten werden zunächst einzeln beschrieben. Von der Apfel-Strophe ist jedoch leider nur der erste Vers erhalten geblieben:

Dort sprach der Apfel gegen das Gift,
… … …

In der Anleitung für die Herstellung des Tranks wird der Apfel noch einmal erwähnt:

Beifuß, Wegerich der nach Osten offen ist, Schaumkraut, Heilziest, Kamille, Nessel, Wildapfel, Kerbel und Fenchel, alte Seife.
Stoße die Kräuter zu Staub, menge sie mit der Seife und mit dem Saft des Apfels. Mache einen Brei aus Wasser und aus Asche, nimm Fenchel, koche ihn in dem Brei und erwärme es mit Ei-Gemisch, wenn er die Salbe auftut, sowohl vorher als nachher.
Singe diesen Zauberspruch 3 mal über jedem dieser Kräuter, bevor Du sie bearbeitest und über den Apfel ebenso; und singe dann dem Mann in den Mund und in beide Ohren und auf die Wunde den gleichen Zauberspruch, bevor Du die Salbe auftust.

III 3. m) Die Saga über Hervor und König Heidrek den Weisen

Der König sprach: „Einst stand ich mit dem Prinzen neben einem Apfelbaum. Da bat mich mein Ziehsohn um einen Apfel, der hoch oben an dem Baum hing. Da zog ich Tyrfing und schlug nach dem Apfel – und das tat ich, bevor ich mich an den Fluch erinnerte, der auf ihm liegt: daß es einen Menschen töten muß, wenn es gezogen wird – und nur wir beide waren dort. Da tötete ich den Jungen."

In dieser Saga wird ein Apfel mit dem Schwert „Tyr-Finger" und dem Tod assoziiert. Der Name dieses Schwertes könnte ein Hinweis darauf sein, daß das Schwert des Tyr einst diesen Namen getragen hat. Die Assoziation des Schwertes mit einem Apfel sowie der Fluch, daß dies Schwert stets einen Menschen töten muß, wenn es gezogen wird, klingt wie eine Umdeutung einer älteren Mythe, in der am Abend bzw. im Herbst das Schwert des Tyr zerbrach, er selber starb und dann schließlich am Ende der Nacht bzw. des Winters den Apfel der Wiedergeburt aß.

Durch seine Assoziation mit dem Tod wurde der Apfel schließlich selber als die Ursache des Todes angesehen.

III 3. n) Die Saga über Yngvar den Fern-Fahrenden

Auch in dieser Saga wird der Apfel mit dem Tod assoziiert:

Da sahen sie ein großes Heer vom Land zu den Schiffen rennen und vor ihnen rannte ein Mann etwas dem Heer voraus. Dieser Mann hatte drei Äpfel und warf sie in die Luft. Der Apfel fiel vor Sveinns Füßen nieder und der nächste fiel an genau denselben Platz herunter.

Da sagte Svein, er werde nicht auf den dritten Apfel warten: „Hinter dem hier steht eine üble Macht und eine starke Kraft."

Svein legte einen Pfeil auf seine Sehne und schoß. Der Pfeil traf den Mann auf der Nase. Da hörten sie einen Ton wie ein zerberstendes Horn. Er warf seinen Kopf zurück und sie sahen, daß er einen Vogelschnabel hatte.

Da schrie er sehr laut und rannte zu seinem Heer zurück und sie alle flohen so schnell sie konnten landeinwärts.

III 3. o) Heidarviga-Saga

In der Heidarviga-Saga findet sich die folgenden Verse, die Thorbiorn nach einem heftigen Ehekrach gedichtet hat:

Es war früh am Morgen, kurz nach Sonnenaufgang. Thorbiorn rief nach seinem Frühstück und es wird von nichts berichtet, was die Hausfrau herbeibrachte, außer einer Schale, die sie auf den Tisch stellte. Thorbiorn schrie, daß er nicht gut bedient würde, und schlug die Schale zwischen ihre Schultern. Daraufhin wandte sie sich ihm zu und schrie laut und war zänkisch und beide waren hart zueinander.

„Du hast mir das gebracht", schrie er, *„und es nichts als Blut darin und es ist ein Wunder, daß Du nichts Falsches darin siehst!"*

Da antwortete sie kühl und ruhig: „Ich habe Dir nichts vorgestellt, was Du nicht gut essen kannst; und ich denke nichts Schlechtes über das Wunder, das Du siehst, denn es bedeutet, daß Du ganz schnell in der Hel sein wirst. Denn genau das wird das sein, was Du erhalten wirst."

Thorbiorns Frau wünscht ihren Mann offensichtlich „zur Hölle".

Da sang er ein Gedicht:

„Der Schatz-tragende Stamm,
den ich zur Frau habe,
wird wegen meines Todes
nie die schwarze Witwen-Haube tragen
obwohl ich weiß,
daß das Feld der Halskette
an allen Tagen meines Lebens
unter der Erde liegen wird:

Die, die die Bier-Runde einschenkt,
würde mir zum Essen
die Äpfel des Hel-Obstgartens reichen!
Ein nie vorher gehörtes Übel!
Aber dieses Schatz-tragende Brett
wird nun wohl kaum, scheint mir,
die Macht haben,
dies auch zu vollbringen."

Der „Schatz-tragende Stamm" und das „Schatz-tragende Brett" sind die mit Ketten u.ä. geschmückte Frau. Das „Feld der Halskette" ist das Herz in der Brust, auf der die Halskette aufliegt.

Die magischen Äpfel wuchsen offensichtlich in der Unterwelt. Diese Äpfel sind hier schon zu Symbolen des Todes geworden. Dies könnte eine Umdeutung der Äpfel als Symbole der Wiedergeburt sein, der ja der Tod vorausgeht. Auch die ewige Jugend der Götter wird aus einer früheren zyklischen Wiedergeburt entstanden sein.

III 3. p) Die Äpfel bei den Kelten

Bei den Kelten, die mit den Germanen nah verwandt sind, wurde die Jenseitsinsel „Tir-nan-og", d.h. „Land der ewigen Jugend" oder „Avalon", was „Apfel-Insel" bedeutet, genannt. Der Apfel hat hier offenbar dieselbe Symbolik wie bei Idun.

Bei den Kelten ist jedoch keine Göttin mit dem Wiedergeburts-Apfel identifiziert worden, sondern mehrere Götter – vermutlich wiedergeborene Götter: Abellio („Apfelgott"), Afallach („Apfelbaum") und evtl. noch Bile („Baum").

Gedicht des Apfelbaumgartens (ca. 800 n.Chr.)

In diesem Gedicht erscheint Myrrdin (Merlin) als Seher und Barde. Er hat einen Wolf als seinen einzigen Begleiter, der vermutlich auch sein Begleiter auf seinen Reisen ins Jenseits ist, aus dem er sein Wissen über die Zukunft holt.

Der Apfelbaum, der Merlin beschützt und in dem eine Nymphe (Göttin) wohnt, wird der Weltenbaum sein, der sein Weg ins Jenseits zu den Göttern ist. Der Apfelbaum und die Nymphe entsprechen offensichtlich Idun und ihrem Apfelbaum.

Geoffrey von Monmonth: „Vita Merlini" (1150 n.Chr.)

Der folgende Text besteht aus den Zusammenfassungen von zwei Teilen dieser Biographie.

Merlin war ein Seher und der König von Südwales. Eines Tages begann Gwenddoleu von Schottland einen Krieg gegen Merlin von Südwales, der von Peredur von Nordwales und von Rhydderch von Cumberland unterstützt wurde. Als Merlin sah, wie drei seiner Brüder und viele andere Männer, die seine Freunde gewesen waren, in der Schlacht fielen, geriet er in völlige Verzweiflung und brach in heftige Tränen aus.

Schließlich kamen den Heeren von Wales und Cumberland noch andere britische Heere zu Hilfe, sodaß die Schotten schließlich besiegt und vertrieben werden konnten.

Nach der Schlacht ließ Merlin seine drei Brüder so bestatten, wie es Prinzen gebührt. Doch Merlins Schmerz wurde nicht weniger und er klagte drei Tage lang und war durch niemanden zu beruhigen. Da beschloß er, heimlich fortzugehen und verbarg sich im Wald, schlief unter einer Esche, beobachtete die Tiere, aß Wurzeln, Gräser und Beeren und wurde schließlich zu einem Wilden Mann des Waldes. So lebte er den ganzen Sommer über und niemand wußte, wo er geblieben war. An einem Platz, an dem 19 Apfelbäume standen, hielt er sich am liebsten auf. Ein alter, inzwischen

weißhaariger Wolf war sein ständiger Begleiter.
… … …

Sie waren einst zu mehreren auf der Jagd gewesen, als sie zu einer Quelle am Fuße einer alten Eiche kamen und dort zu rasten beschlossen. Dort fanden sie einige Äpfel liegen und einer der Begleiter, der sich lachend über diese unerwartete Speise freute, sammelte sie und gab sie Merlin, seinem Herrn. Dieser verteilte sie an die anderen und ging dabei leer aus, da es ein Apfel weniger als Männer war. Sobald die Männer von den Äpfeln gegessen hatten, wurden sie verrückt und bekamen Schaum vor dem Mund und bissen einander und rannten schließlich in die Wildnis davon. Die Äpfel waren von einer Frau dorthin gelegt worden, von der sich Merlin getrennt hatte und die ihn nun aus Eifersucht zu töten versuchte.

Hier ist der Apfel, der die Wiedergeburt gibt, bereits wie bei den germanischen „Hel-Äpfeln" zum „Apfel des Todes" geworden – wie so viele andere Dinge, die einst den Toten auf dem Jenseitsweg halfen, sind auch die Äpfel zu einer Ursache des Todes bzw. hier des Wahnsinns umgedeutet worden.

Die spätere Version dieses Motivs ist der vergiftete Apfel in dem Märchen „Schneewittchen".

Die Geburt des Sonnengottes Lugh

Goibhniu („Schmied"), der Schmied der Tuatha de Danan, besaß eine magische Kuh, die ganz Irland mit ihrer Milch ernähren konnte. Balor, der Anführer der Fomorii (Riesen), *versuchte die Kuh zu stehlen, aber es gelang ihm nur, das Halfter mitzunehmen. Da die Kuh aber immer dorthin strebte, wo das Halfter war, mußte Goibhniu sie jetzt ständig bewachen.*

Als Cian („Leben, König"), der Sohn des Heilgottes Dian Cecht („schnell zubereiteter Trank") und Enkel des Dagda, den Schmiedegott darum bat, ihm ein Schwert zu schmieden, übergab Goibhniu die Kuh dem Cian, damit er sie solange behütete. Als Cian jedoch von einem Jungen die Botschaft erhielt, daß er Goibhniu beim Härten des Schwertes helfen solle, nahm er die Kuh nicht mit, sondern ließ sie alleine auf der Wiese, woraufhin sie sofort zu Balor Einauge lief.

Cian mußte nun die Kuh suchen gehen und gelangte dabei an den Unterweltfluß, über den ihn ein alter Mann in einem weiten Mantel übersetzte. Der Jenseitsfährmann war Manannan Mac Lir, aber Cian erkannte ihn nicht. Als Lohn für die Überfahrt mußte Cian seinen Mantel mit dem des Manannan tauschen – was eigentlich ein Lohn war, denn Manannans Mantel läßt seinen Träger unsichtbar werden. Der Lohn für die Rückfahrt sollte die Hälfte dessen sein, was Cian aus der Unterwelt mitbrachte. Cian erbat sich jedoch, daß das Halfter, das die Kuh zu Goibhniu zurück-

kehren lassen würde, davon ausgenommen war.

Cian gelang es mithilfe des magischen Mantels des Manannan Mac Lir bis zu Balor zu kommen. Dieser versprach Cian das Halfter, wenn es ihm gelänge, in der Unterwelt einen Apfelbaumgarten anzulegen, obwohl Balors Atem jede Pflanze töten konnte. Schließlich gelang es Cian und die ersten Äpfel konnten geerntet werden.

Dem Fomorii-König Balor war durch eine Prophezeiung vorhergesagt worden, daß er durch die Hand seines Enkels sterben werde. Daher hatte Balor seine Tochter Ethne („Ginster") in einen Kristallturm eingeschlossen. Cian entdeckte diesen Kristallturm und gelang mithilfe der Druidin Birog und seines magisches Mantels in diesen Turm, wo sich Cian und Ethne ineinander verliebten und den Sonnengott Lugh zeugten. Als Balor die Geburt des Kindes entdeckte, schleuderte er ihn ins Meer. Die Druidin Birog rettete den Säugling jedoch und gab ihn dem Meeresgott Manannan in Pflege.

Cian erhielt von Ethne das Halfter und floh vor der Rache des Balor zurück in das Diesseits. Die Hälfte dessen, was Cian dem Jenseitsfährmann (Manannan Mac Lir) geben mußte, war der Sonnengott, der die Hälfte seiner Zeit in der Wasserunterwelt des Manannan Mac Lir verbringen mußte: seinen Weg unter der Erde während der Nacht.

Der Apfelbaumgarten in dieser Geschichte ist leicht als Avalon zu erkennen – zumal er in der Unterwelt steht …

III 3. q)   Die Äpfel bei den Slawen

Bei den Slawen ist der „Todesapfel" ein Symbol für die sterbende, d.h. untergehende Sonne gewesen. Diese goldenen, todbringenden Äpfel sind die mächtigste Waffe des slawischen Göttervaters und Donnergottes Perun.

Diese slawischen „Todesäpfel" entsprechen den germanischen „Äpfeln aus dem Obstgarten der Hel" und auch den „Wahnsinns-Äpfeln" der Ex-Frau des keltischen Druiden Merlin, die eine Vorgängerin von Schneewittchens böser Stiefmutter ist – die letztlich auf die Jenseitsgöttin Hel zurückgeht.

III 3. r)   Die Äpfel bei den Persern

Bei den Osseten (Narten), den im Kaukasus lebenden Nachkommen der Perser, gibt es die folgende Sage:

Im Garten der Narten stand seit vielen Jahren ein geheimnisvoller Baum mit leuchtenden, himmelblauen Blüten. Jeden Tag reifte an ihm ein einziger Apfel heran. Dieser Apfel war ganz aus Gold. Wie Feuer leuchtete er im Wipfel des Apfelbaumes. Der Apfel besaß Lebenskraft, denn er heilte die Menschen von jedweder Krankheit und ließ alle Wunden vernarben. Nur vor dem Tode konnte er niemanden retten.
... ...
Der Garten der Narten war mit riesigen Hirschgeweihen begrenzt. So hoch war dieser Zaun, daß nicht einmal ein Vogel ihn hätte überfliegen können.

Diese Äpfel wurden jede Nacht gestohlen. Daher sollten zwei Brüder den Baum bewachen – als Strafe für ein Versagen wurde ihnen angedroht, daß dem einen der Kopf und dem anderen die Hand abgeschlagen werden würde.

Die beiden Brüder entdeckten, daß die Äpfel von drei Tauben gestohlen wurden. Als die beiden Brüder ihnen folgten, kamen sie ans Meer. Einer von den beiden folgte ihnen in das Meer zu dem Meeresgott Donbettir, der auch der Totengott war. Dort nahm er eine der Töchter Donbettirs zur Frau. Schließlich kehrte er aus der Unterwelt an das Ufer des Meeres zurück, wo er seinen Bruder tötete, da er dachte, daß dieser heimlich mit seiner Frau geschlafen hatte. Als er erkannte, daß er sich geirrt hatte, tötete er sich auch selber.

Die Tochter Donbettirs gebar nach dem Tod der beiden Brüder Zwillinge.

Auch dieser Apfelbaumgarten ist offenbar wie das keltische Avalon das Jenseits.

III 3. s)   Die Äpfel bei den Griechen

Die Schlange Ladon lag rings um den Apfelbaum im Garten der Hesperiden, der ganz im Westen der Welt, also im Jenseits (Ort des Sonnenunterganges) gelegen ist – in anderen Versionen befindet er sich am Nordpol, also dort, wo sich die Weltachse dreht (dies ist das zweite Jenseitsbild der Indogermanen).

An diesem Baum, der wie der gesamte Garten Hera gehörte, wuchsen wie an dem Baum der germanischen Idun die Äpfel, die die Unsterblichkeit gaben. Auch die Schlange Ladon gehört somit wie Python und Typhon zu der Göttermutter der Griechen. Dieser Garten ist anscheinend einmal das Jenseits als der Ort der Muttergöttin, zu dem die Toten kommen, gewesen.

Dieser Garten und vor allem der Apfelbaum in ihm wurde von drei Nymphen bewacht, die den drei Nornen der Germanen an der Weltesche entsprechen. Um die Äpfel ganz sicher zu beschützen, ließ Hera sie von dem nie schlafenden, hundertköpfigen Drachen Ladon bewachen.

Der Drache wurde von Herakles im Verlauf seiner „Zwölf Arbeiten" besiegt, die die

Reise der Sonne durch die zwölf Tierkreiszeichen, d.h. eine Unterweltsreise darstellen. Dieser Schlangenkampf ist wie auch der Kampf zwischen Zeus und Typhon schon eine Umdeutung.

Eine weitere Umdeutung des Apfels, der dem Wahnsinns-Apfel der Kelten und dem Todes-Apfel der Slawen gleicht, ist der Zank-Apfel der Griechen:
Auf der Hochzeit des Peleus und der Thetis wirft die Göttin Eris, die nicht zu der Hochzeit eingeladen worden war, einen goldenen Apfel mit der Aufschrift „für die Schönste" unter die feiernden Götter – woraufhin ein Streit zwischen Hera, Athena und Aphrodite entsteht, der schließlich zum Trojanischen Krieg geführt hat.

Der Birnbaum in Sparta, der den Dioskuren heilig war, wird vermutlich als Weltenbaum (Variante des sonst üblichen Apfelbaumes) der Weg ins Jenseits sein.

III 3. t)   Die Äpfel bei den Indogermanen

Bei den Germanen, Kelten, Slawen und Griechen sowie evtl. auch bei den Persern ist der Apfel mit dem Jenseits und mit dem ewigen Leben dort verbunden. Er gehört im allgemeinen der Jenseitsgöttin und wächst an dem Apfelbaum oder an den Apfelbäumen in ihrem Garten. Der Apfel ist bei fast allen diesen Völkern auch schon zur Ursache des Todes umgedeutet worden.

III 3. u)   Die Äpfel bei den Sumerern

Die Indogermanen sind eines der Völker, die von den frühen Ackerbauern und Viehzüchtern in Mesopotamien abstammen. Zu diesen Völkern zählen auch die Sumerer. Bei ihnen ist der Apfelbaum als (Welten-)Baum der Muttergöttin Inanna gut bekannt.

III 3. v)   Die Äpfel bei den Semiten

Der in der westlichen Zivilisation bekannteste Weltenbaum ist sicherlich der Baum der Erkenntnis im Paradies, an dem die Äpfel wuchsen, die Adam und Eva nicht essen sollten. Dieses Arrangement ist aus patriarchaler Sicht umgedeutet worden: Aus der Göttin mit der Schlange und dem Weltenbaum, die im Diesseits und im Jenseits den Menschen das Leben gibt, wurde die Verführerin, die durch ihre Äpfel den Tod in die Welt bringt.

III 3. v) **Die Herkunft des Apfels**

Die Äpfel sind vermutlich schon in der Altsteinzeit ein beliebtes Nahrungsmittel gewesen.

Als in der frühen Jungsteinzeit das Motiv des Weltenbaumes als Verbindung zwischen Diesseits und Jenseits entstand, dauerte es vermutlich nicht lange, bis der Weg und das Ziel, also der Baum und die Jenseitsgöttin, eng miteinander assoziiert worden sind – zumindestens ist dieses Motiv bei praktisch allen Völkern, die von den frühen Ackerbauern in Mesopotamien abstammen, vorhanden. Daher findet sich in den Mythen dieser Völker auch die Baumgöttin – am deutlichsten bei den Ägyptern die Göttin Hathor.

Der Weltenbaum als Jenseitsverbindung war auch der Weg der Seelenvögel in das Jenseits und von dort zurück ins Diesseits. Da hat es nicht lange gedauert, bis auch das Motiv der „Seelenvögel auf dem Weltenbaum" entstanden war.

Von dort aus war es wiederum nur ein kleiner Schritt, auch die Blüten an diesem Baum als Seelensymbole aufzufassen, was sich wieder vor allem in Ägypten findet.

Das Stillen der Wiedergeborenen im Jenseits ergab in Kombination mit der Baumgöttin das Motiv der die Toten stillenden Baumgöttin. Auch dieses Motiv ist am besten aus Ägypten bekannt.

Nachdem die Milch der Göttin in den Mythen zu einem rituellen Wiedergeburtstrank geworden war, lag nahe, auch den Äpfeln an dem Weltenbaum das Verleihen der Wiedergeburt bzw. des ewigen Lebens zuzuschreiben.

In Ägypten fehlt diese Apfelsymbolik vollständig. Bei den Indogermanen findet sie sich bei den Westindogermanen (Kelten, Germanen, Slawen) sowie bei zwei Völkern der Ostindogermanen (Griechen und Perser). Die Apfelsymbolik ist somit in einem zusammenhängenden Gebiet zu finden: von West- und Mitteleuropa bis Mesopotamien und evtl. noch Persien (Iran).

Die Äpfel stammen ursprünglich aus dem Tian-Shan im Grenzgebiet zwischen der Mongolei und Rußland. Die Hauptstadt dieses Bereichs heißt Alma Ata, was „Großvater des Apfels" bedeutet.

Von dort aus gelangten die Äpfel schon früh in das Gebiet rings um das Kaspische Meer. Da bereits die Sumerer die Äpfel kannten, muß dies um spätestens 3000 v.Chr. geschehen sein. Bis an den Nil zu den Ägyptern sind die Äpfel jedoch nicht gelangt. Offenbar haben die Indogermanen die Apfelsymbolik (und auch die Äpfel?) nur teilweise übernommen, was vermuten läßt, daß dies erst nach dem Beginn der Differenzierung der einzelnen indogermanischen Völker um 2800 v.Chr. geschehen ist. So fehlt z.B. bei den Indern und bei den Hethitern in der heutigen Zentral-Türkei die Apfelsymbolik.

Die vermutliche Verbreitung des Apfels und seiner Symbolik könnte in etwa wie folgt ausgesehen haben:

Die Verbreitung des Apfels			
Tian Shan (China) =>	spätestens 3500 v.Chr.: Ufer des Kaspischen Meeres =>	spätestens 3000 v.Chr.: Sumer (Mesopotamien) =>	Semiten (Mesopotamien, Saudi-Arabien)
		ca. 2200 v.Chr.: Griechen =>	ca. 2000 v.Chr.: Westindogermanen sie spalteten sich in mehrere Völker auf:
			Germanen
			Kelten
			Römer
			Slawen

Da die Symbolik des Apfels bei diesen Völkern in Europa, in Mesopotamien und in den angrenzenden Gebieten recht einheitlich ist, ist anzunehmen, daß diese Symbolik bereits in den Gebieten rings um das Kaspische Meer entstanden ist

---

Die Äpfel der Idun geben den Göttern ihre ewige Jugend, ohne die sie altern und schließlich sterben würden.

Es gab auch in der Unterwelt bei Hel einen Apfelbaum, der tödliche Früchte getragen zu haben scheint. In diesem Motiv ist der „Apfel der Wiedergeburt" zu einem „Apfel des Todes" umgedeutet worden, was ein sehr häufiger Vorgang in der Entwicklung von Mythen ist, da aufgrund der Angst vor dem Tod sehr oft das, was ursprünglich eine Hilfe auf dem Weg ins Jenseits und bei der Wiedergeburt gewesen ist, zu einer Ursache des Todes umgedeutet wurde.

Die Äpfel als das, was das „ewige Leben" gibt, sind sehr wahrscheinlich aus der Milch der Göttin entstanden, die als Wiederstillen neben der Wiederzeugung und der Wiedergeburt das dritte wichtige Element in den Jenseitsvorstellungen gewesen ist.

Aus der einmaligen Wiedergeburt der Toten im Jenseits nach ihrer Bestattung wurde durch die tägliche Jenseitsreise der Sonne ein zyklischer Vorgang, der dann nach der Übertragung dieses Aspektes der Sonnensymbolik auf alle Götter dazu führte, daß die Götter immer wieder die Äpfel der Idun essen mußten.

Die Übertragung der Funktion der Milch der Göttin auf die Äpfel ist dadurch entstanden, daß bereits in den frühesten schriftlichen Religionen (Ägypten, Sumer,

Elam) die Himmels-Muttergöttin mit dem Weltenbaum, der der Weg zu ihr war, zu einer Baumgöttin verschmolzen ist, die die Toten stillte (z.B. Hathor bei den Ägyptern). Das Ersetzen der Milch der Baumgöttin durch die Früchte des Baumes war dann nur noch ein kleiner Schritt.

Durch die Assoziation des Apfels mit dem Tod (er ist das Heilmittel gegen den Tod) entstand schließlich auch das Motiv des Apfels als (magische) Ursache des Todes („Schneewittchen" u.a.).

III 4. Baldrian

Dieses heutzutage vor allem als Beruhigungsmittel bekannte Kraut scheint eine alte mythologische Bedeutung gehabt zu haben.

III 4. a) Jacob Grimm: Deutsche Mythologie

Baldrian ist entstellt aus valeriana und nicht zu ziehen auf Baldr, nach dem ein ganz verschiednes kraut, die anthemis cotula Baldrs brâ (Baldurs-Braue), *schwedisch Baldersbrå, zusammengezogen Barbro hieß. aber valeriana führt einen andern mythischen namen Velandsurt, Wielands wurz* (Wieland-Wurzel), *und ihre heilkraft ist berühmt.*

Wieland ist der ehemalige Sonnengott-Göttervater Tyr als Schmied in der Unterwelt.

Die Serben nennen sie odoljan (von odoljeti überwältigen), die Böhmen odolen, und unter den serbischen vilinen pjesme („von der vila selbst gelehrte lieder") findet sich bei Vuk ein spruch:

da zna shenska glava,
schto j'odoljan trava,
svagda bi ga brala,
u pas uschivala
uza se nosila,

d. h. wüste jede frau, was odoljankraut ist, sie würde es immer lesen, in den gürtel nähen und an sich tragen. dies kostbare kraut zu vernachlässigen warnt die vila.

> Baldrian schützt und ist ein Kraut des Schmiedes Wieland, also des ehemaligen Göttervaters Tyr in der Unterwelt.
> Wenn Jakob Grimms Herleitung des Namens zutreffen sollte, könnte der als Schlafmittel verwendete Baldrian einen Bezug zu dem „Schlaf" des Tyr, also zu seinem nächtlichen bzw. winterlichen Aufenthalt im Jenseits haben.

III 5. Bärlapp

Über den Bärlapp ist nur zwar wenig bekannt, aber es läßt sich zumindest eine grobe Vermutung über die Mythen anstellen, die einst mit ihm verbunden gewesen sein könnten.

III 5. a) Jacob Grimm: Deutsche Mythologie

Das pflücken der selago ist eigenthümlich, mit der rechten, aber nicht der bloßen sondern von einem kleid bedeckten hand soll sie gelesen und dann mit der linken verstolnerweise ausgezogen werden.

Nach Davies bretonische mythen ist es das von den Welschen grâs duw (gratia dei) („Gottes-Gnade") genannte kraut.

Villemarqué hält es für aour géoten (aurea herba) („Licht-Kraut", „Gold-Kraut") bretagnischer lieder, es müsse bei sonnenaufgang barhaupt und barfuß auf der wiese ausgezogen werden und leuchte von weitem wie gold. es läßt sich nur selten und von heiligen leuten auffinden.

Nach einigen ist es unser bärlapp (lycopodium).

Da Bärlapp bei Sonnenaufgang gepflückt werden sollte und „golden" leuchtete, scheint es in irgendeiner Weise ein Sonnenaufgangs-Kraut gewesen zu sein. Es könnte daher mit dem ehemaligen Sonnengott-Göttervater Tyr assoziiert gewesen sein.

III 6. Basilikum

Der althochdeutsche Name „Geadelter, Madiger" des Basilikum bedeutet möglicherweise „Rede-Speer", was einen weisen („Rede") Krieger („Speer") bezeichnen könnte. Das althochdeutsche „madel" stammt von dem germanischen „mathla" mit der Bedeutung „Rede, Versammlung" ab.

Im Roland-Lied stellt ein Schmied mit dem Namen Madalger ein berühmtes Schwert her.

III 6. a) Jacob Grimm: Deutsche Mythologie

Madalger in althochdeutschen glossen basilicum, in den kräuterbüchern auch senecio (Kreuzkraut). der spruch lautet ›Modelgeer ist aller wurzel ein eer‹ („Basilikum ist ein ehrenvolles Kraut").

Im Westerrich, sobald ein sterben unter den schweinen ausbricht, hacken sie ihnen die wurzel in das aß und murmeln gebetlein; das behütet die schweine, daß der schelm (die seuche) nicht unter sie komme.

Da in unsrer heldensage Heimes vater Madelger genannt ist, und eben so einer merminne sohn, der die nebelkappe anlegt; wird die mythische bedeutsamkeit des pflanzennamens glaublich.

„Madelger" bedeutet „Rede-Speer" und könnte einst evtl. mit dem Göttervater Tyr assoziiert worden sein, da dieser als weise angesehen worden ist und in manchen Mythen auch einen Speer besessen zu haben scheint. Zu dieser Deutung würde auch der Schmied Madelger passen, der dann eine Variante des Tyr-Schmiedes Wieland wäre. Schließlich ist Tyr auch noch das Urbild des Jenseitsreisenden gewesen, zu dem daher auch die unsichtbar machende „Nebelkappe", d.h. der „Niflheim-Umhang" ausgesprochen gut passen würde (Niflheim = Jenseits).

Auch der Schutz vor todbringenden Seuchen würde sich in dieses Bild fügen.

Ebenso könnte der Name „Basilikum", der „Königskraut" bedeutet, sich auf den ehemaligen Göttervater Tyr beziehen – aber es ist doch sehr fraglich, ob dieser Name auf der Übersetzung eines germanischen Namens beruht, der dann in etwa „rig-laukaz" gelautet haben müßte.

In welcher Weise und warum das Basilikum jedoch eine Pflanze des Tyr und seiner Jenseitsreise gewesen sein mag, ist unklar.

III 7. Beifuß

III 7. a) Neunkräuter-Segen

Diese Pflanze ist vor allem aus dem altenglischen Neunkräuter-Zauberspruch bekannt, der um ca. 900 n.Chr. niedergeschrieben worden ist.

Erinnere Dich, Beifuss, was Du verkündet hast,
was Du bekräftigt hast bei der Verkündung vor Gott.
„Eines" heißt Du, ältestes Kraut.
Du hast Macht gegen 3 und gegen 30,
Du hast Macht gegen Gift und gegen das Heranfliegende,
Du hast Macht gegen das Übel, das über Land fährt.

III 7. b) Jacob Grimm: Deutsche Mythologie

Althochdeutsch pîpôz artemisia, mittelhochdeutsch bîbôz (:grôz), neuhochdeutsch verderbt in beifuß, und danach neuniederländisch bivoet; schon glosse bifuz. der name scheint echt deutsch und von pôzan cudere gebildet wie anapôz incus, mittelhochdeutsch anebôz, neuhochdeutschh amboß („das, worauf man schlägt"), so daß neuhochdeutsch beiboß gesprochen und geschrieben werden sollte.

Die bedeutung muß ungefähr die des neuhochdeutschen beischlag sein, was bei Logau einen bastard (uneheliches Kind) *ausdrückt. mutmaßliche altsächsische form wäre bîbôt, woran der lettische name bihbotes erinnert. das heutige niederdeutsche buk, bucke scheint trauliche verkürzung; dänisch bynke, schwedisch aber gråbo* (graunest).

Wer beifuß im hause hat, dem mag der teufel nicht schaden. hängt die wurzel über dem thor, so ist das haus gegen alles üble und ungeheuere geschützt. Johannistag (Sommersonnenwende) *gürtet man sich mit beifuß und wirft ihn, unter sprüchen und reimen ins feuer, daher die namen Johannisgürtel, sonnenwendgürtel, gürtelkraut, französisch herbe de saint Jean. die wurzel wird feierlich gegraben, in kränze gewunden, umgehangen und von jedem, mit dem unfall* (Krankheit, Beschwerden) *den er an sich hat, in die flamme geworfen.*

Wer beifuß an sich hängt, ermüdet nicht auf der reise. dies letzte ist nach Plinius: artemisiam alligatam qui habet viator negatur lassitudinem sentire. auch die ἑρμηνεῖαι παλαιαί: ἀρτεμισίαν τὴν βοτάνην εἴ τις ἔχει ἐν ὁδῷ, λύει τὸν κάματον.

Angelsächsisch heißt die artemisia mucgvyrt („Mückenkraut"), *englisch mugwort, muggon: við miclum gonge ofer land þýlæs he teorige, mucgvyrt nime him on hand, oððe dô on his scô, þýlæs he mêdige, and þonne he niman ville ær sunnan upgange, cveðe þás vord ærest: tollam te, artemisia, ne lassus sim in via. gesegna hie þonne þû upteo.*

Chambers theilt schottische sagen von ihrer heilkraft mit. Als ein mädchen in Galloway beinahe der schwindsucht erlag und alle an ihrer rettung verzweifelten, sang eine meerfrau, die dem volk oft heilsamen rath ertheilte:

wad ye let the bonnie may die i' your hand,
and the mugwort flowering in the land!

(Warum laßt ihr die schöne Maid unter euren Händen sterben,
wenn doch der Beifuß in eurem Lande blüht?)

Alsbald pflückte man das kraut und gab der kranken den saft davon, und sie ward hergestellt.

Eine andere jungfrau war an dieser krankheit gestorben und ihre leiche wurde am hafen von Glasgow vorbeigefahren, da streckte die mermaid das haupt aus dem wasser, und rief mit langsamer stimme:

if they wad drink nettles in march,
   and eat muggons in may,
sae mony braw maidens

wadna gang to the clay.

(Wenn sie im März Nesseln trinken
und im Mai Beifuß essen würden,
dann müßten die schönen Mädchen
nicht unter die Erde gehen.)

Warum sollte nicht schon ein gothischer bibáuts gegolten haben? daß die Gothen eigne, bedeutsame namen der kräuter und sträuche besaßen, erhellt aus den vom griechischen wort abweichenden übertragungen bei Ulfilas. βάτος, rubus gibt er durch aíhvatundi, worin aíhvus equus, tundi fomes (vergleiche althochdeutsch zuntara, neuhochdeutsch zunder) stecken mögen; συκάμινος báinabagms, was beinbaum sagt, und noch heute heißt der hartriegel (althochdeutsch hartrugil oder harttrugi) beinholz. die ursache beider benennungen ist uns aber verloren.

> Um ca. 900 n.Chr. wurde der Beifuß als die „älteste Pflanze" aufgefaßt, die große Macht gegen Krankheiten und Magie hatte. Zudem wurde es als Reisekraut und als Mückenkraut angesehen und mit der Sommersonnenwende und der Meerfrau assoziiert.
>
> Liegt dem wie beim Basilikum eine Herkunft aus den Mythen des ehemaligen Sonnengott-Göttervaters Tyr zugrunde? Tyr reist als Sonne den ganzen Tag, ist zur Sommersonnenwende am stärksten und wird in der Unterwelt von der Jenseitsgöttin („Meerfrau") wiedergeboren.

III 8. Bertram

Eine mythologische Bedeutung des Bertrams ist nicht bekannt, auch wenn er einen Männernamen trägt, was den Eindruck einer Personifizierung erweckt.

III 8. a) Jacob Grimm: Deutsche Mythologie

Einige kräuter heißen nach menschlichen eigennamen. Bertram und schon althochdeutsch Perhtram, mittelhochdeutsch Berchtram entspringt aus pyrethrum (Chrysantheme) *und soll dem fremden wort deutschen klang verleihen.*

Der Ursprung dieses Namens ist „beraht-hraban", d.h. „glänzender Rabe", womit einer von Odins beiden Raben gemeint sein könnte.

Da „beraht" die Bedeutung „strahlend, glänzend" hat, ist es auch denkbar, daß der Name „Bertram" bis vor 500 n.Chr. in die Zeit zurückreicht, in der noch Tyr der Göttervater der Nordgermanen gewesen ist. Damals waren Odins Raben noch die Seelenvögel beiden Söhne des Tyr, die als Schimmel den Streitwagen zogen, auf dem Tyr als Sonne über den Himmel gefahren ist.

> Eine mythologische Bedeutung des Krautes Bertrams ist nicht bekannt. Der Name des Krautes bezieht sich möglicherweise auf Odins Raben oder auf die Raben-Seelenvögel der beiden Söhne des ehemaligen Sonnengott-Göttervaters Tyr.

III 9. Bertramsgarbe

Diese Pflanze wird in einer Sage zusammen mit Salbei (Dost) als Mittel gegen Wasser-Menschen (Nixen, Nökk) und gegen Gespenster genannt.

III 9. a) Gegen die Nixen hilft Dosten und Dorant

- eine Sage aus der Sammlung der Brüder Jakob und Wilhelm Grimm -

„Dost" ist wilder Salbei und Dorant ist Bertramsgarbe (Achillea ptarmica).

Eine hallische Wehmutter erzählte, daß folgendes ihrer Lehrmeisterin begegnet:
Diese wurde nachts zum Tor, welches offenstand, von einem Manne hinaus an die

Saale geführt. Unterwegs bedräute sie der Mann, kein Wort zu sagen und ja nicht zu mucksen, sonst drehte er ihr bald den Hals um, übrigens sollte sie nur getrost sein.

Sie gedachte an Gott, der würde sie behüten, und ergab sich drein, denn sie ginge in ihrem Beruf. An der Saale nun tat sich das Wasser auf und weiter hinunter auch das Erdreich, sie stiegen allmählich hinab, da war ein schöner Palast, worin ein niedliches Weiblein lag. Der half die Wehmutter in Kindesnöten, unterdessen ging der Mann wieder hinaus.

Nach glücklicher Verrichtung ihres Amts redete mitleidend das Weibchen: „Ach, liebe Frau, nun jammert mich, daß Ihr hierbleiben müßt bis an den Jüngsten Tag, nehmt Euch wohl in acht; mein Mann wird Euch jetzt eine ganze Mulde voll Dukaten vorsetzen, nehmt nicht mehr, als Euch auch andre Leute zu geben pflegen für Eure Mühwaltung. Weiter, wenn Ihr zur Stube hinauskommt und unterwegs seid, greifet flugs an die Erde, da werdet Ihr Dosten und Dorant erfassen, solches haltet fest und lasset's aus der Hand nicht fahren. Dann werdet Ihr wieder auf freien Fuß kommen und zu Eurer Stelle geraten."

Kaum hatte sie ausgeredet, als der Nix, gelbkraus von Haar und bläulich von Augen, in die Stube trat; er hatte eine große Mulde voll Gold und setzte sie in dem schönen hellen Zimmer der Wehfrau vor, sprechend. „Sieh da, nimm, soviel Du willst."

Drauf nahm sie einen Goldgülden. Der Nix verzog sein Gesicht und machte grausame Augen und sprach: „Das hast Du nicht von Dir selber, sondern mit eines Weibes Kalbe gepflügt, die soll schon dafür leiden! Und nun komm und geh mit mir."

Drauf war sie aufgestanden, und er führte sie hinaus; da bückte sie sich flugs und griff in ihre Hand Dosten und Dorant.

Der Führer sagte dazu: „Das heißt Dich Gott sprechen, und das hast Du auch von meinem Weibe gelernt. Nun geh nur hin, wo Du herkommen bist."

Hierauf war sie aus dem Fluß ans Ufer gewesen, ging zur Stadt ein, deren Tore noch offenstanden, und erreichte glücklich ihr Haus.

Eine andere Hebamme, bürtig aus Eschätz bei Querfurt, erzählte Nachstehendes:

In ihrer Heimat war der Ehmann ausgegangen und hatte seine Frau als Kindbetterin (Schwangere) zu Haus lassen müssen. Um Mitternacht kam der Nix vors Haus, nahm die Sprache ihres Mannes an und rief zum Gartenfenster hinein: sie solle schnell herauskommen, er habe ihr etwas Sonderlichs zu weisen.

Dies schien der Frau wunderlich, und sie antwortete: „Komm Du doch herein, aufzustehen mitten in der Nacht schickt sich für mich nicht. Du weißt ja, wo der Schlüssel liegt, draußen im Loch über der Haustür."

„Das weiß ich wohl, Du mußt aber herausgehen«, und plagte sie so lang mit den Worten, daß sie sich zuletzt aufmachte und in den Garten trat. Das Gespenst ging aber vor ihr her und immer tiefer hinab; sie folgte nach bis zu einem Wasser, unweit

des Hauses fließend, mittlerweile sprach der Nix:
  "Heb auf dein Gewand,
    daß Du nicht fallst in Dosten und Dorant",
welche Kräuter eben viel im Garten wuchsen. Indem aber erblickte sie das Wasser und fiel mit Fleiß ins Kräutich hinein, augenblicklich verschwand der Nix und konnte ihr nichts mehr an- noch abgehaben.

Nach Mitternacht kehrte der Ehmann heim, fand Tür und Stube offen, die Kindermutter nicht im Bett, hub an erbärmlich zu rufen, bis er leise ihre Stimme im Garten vernahm und er sie aus dem Kraut wieder ins Zimmer brachte.

Die Wehemütter halten deshalb gar viel auf diese Kräuter und legen sie allenthalben in Betten, Wiegen, Keller, tragen es an sich und lassen andere es bei sich stecken. Die Leipziger Krautweiber führen es häufig feil zu Markte.

Einmal soll auch ein Weib um Mittag in den Keller gegangen sein, Bier abzulassen. Da fing ein Gespenst drinnen an und sprach:
  "Hättest Du bei Dir nicht Dosten,
    wollt ich Dir das Bier helfen kosten",
und man hört diesen Reim noch in andern Geschichten wiederkehren.

Bertramsgarbe und Salbei(Dost) helfen gegen Wasser-Menschen und Gespenster.

III 10. Betonica

Die möglicherweise früheren spezifischeren Vorstellungen über diese Pflanze lassen sich nur noch erahnen.

Sie heißt wissenschaftlich „Betonica officinalis" und wird auch „Heilziest" genannt. Ob Betonica und Heilziest auch schon damals dieselbe Pflanze bezeichnet haben, ist unsicher (siehe auch „Heilziest").

III 10. a) Jacob Grimm: Deutsche Mythologie

Plinius: In Spanien heißt sue 'Vettones', in Gallien 'Vettonica'.
… … …
Französisch betoine, mittelhochdeutsch batônie: ›altiu wîp grabent patôni‹.; ›sô gênt eteliche mit bœsen batânien umb‹; ›ettlich kundent patoniken graben‹; ›die lêr ich batônien graben‹. ein italienischer spruch empfiehlt, um jeden preis sich ihrer zu versichern: ›venda la tonica e compra la betonica‹.
Wenn sie Martina beschrieben wird ›diu gelwe batênie hol‹, so stimmt das nicht zu jener purpurfarbe (bloß des samens?). in der Schweiz ist badönikli fluhblume, schlüsselblume, hirten bringen sie ihren mädchen mit von der alp.
Vermutlich sind mehrere arten zu scheiden, polnisch bukwica, böhmisch brkwice bald betonica, plantago, bald primula. Die Angelsachsen nannten die betonica biscopvyrt, herba episcopi, was auf heiligkeit schließen läßt.

Der angelsächsische Name „Bischofskraut" läßt vermuten, daß die Betonica einst eine kultische oder magische Rolle gehabt haben könnte.

III 11. Bilsenkraut

Obwohl das Bilsenkraut in den mittelalterlichen Hexensalben, die die Astralreise, also das bewußte Verlassen des Körpers durch die Seele bewirken, eine wichtige Rolle spielt, wird es bei den Germanen nicht in mythologisch-magischen Zusammenhängen erwähnt.

Der germanische Name „belunon" dieser Pflanze lautet im Althochdeutschen „bilisa", im Mittelhochdeutschen „bilse", im Angelsächsischen „beolone", im Dänischen „bylne", im Keltischen „bili" und im Russischen „belena".

Der Name dieser Pflanze hat in der germanischen, der keltischen und der slawischen Sprachfamilie innerhalb des Indogermanischen offenbar denselben Ursprung: den Namen des Sonnengottes „Bel", der im Keltischen als „Belenus" und im Germanischen als „Beli" bekannt ist.

Das Bilsenkraut ist somit das „Kraut des Sonnengottes". Da das Aussehen der fahlen Blüte dieses Nachtschattengewächses gar nicht an eine Sonne erinnert, muß er

Schwarzes Bilsenkraut

wohl aus dem Kult des Bele stammen.

Dies spricht dafür, daß das Bilsenkraut auch schon bei den Germanen zumindest vor 500 v.Chr., als noch Tyr-Beli der Sonnengott-Göttervater gewesen ist, von den Schamanen-Priestern und -Priesterinnen für Jenseitsreisen zu dem Sonnengott-Göttervater benutzt worden ist.

Die Verwendung dieses Krautes in den mittelalterlichen Hexensalben zeigt, daß die Wirkung des Bilsenkrautes auch in der Zeit zwischen 500 n.Chr. und 1200 n.Chr., in der Odin der Göttervater der Nordgermanen gewesen ist, weiterhin bekannt gewesen und wohl auch genutzt worden ist – immerhin ist Odin der Schamanengott, dessen „Kerngeschäft" die Jenseitsreisen (Astralreisen) sind, bei denen das Bilsenkraut ein Hilfsmittel gewesen ist.

Es gab somit vermutlich mindestens vier Phase in der kultischen Verwendung des Bilsenkrautes:

\	Kult-Phasen des Bilsenkrautes		
Phase	*Zeit*	*Wer?*	*Kult*
?	bis ca. 2400 v.Chr.	Indogermanen (?)	Sonnengott-Göttervater Dyaus-Bel (?)
1. Phase	ca. 2400-2000 v.Chr.	Westindogermanen	Sonnengott-Göttervater Dyaus-Beli
2. Phase	2000 v.Chr. - 500 n.Chr.	Germanen	Sonnengott-Göttervater Tyr-Beli
3. Phase	500-1200 n.Chr.	Germanen	Schamanengott Odin (?)
4. Phase	1000- ca. 1500 n.Chr.	Hexen	Freya (?)

Die Verwendung von Bilsenkraut ist sehr gefährlich, da die wirksame Dosis und die tödliche Dosis sehr nah beieinander liegen.

III 11. a) Grab von Fyrkat

Hochsitz-Amulett

In diesem dänischen Grab lag der Leichnam einer Seherinnen, der mit einem langen Gewand bekleidet gewesen ist. Sie trug Zehen-Ringe und Sandalen.

In ihrem Grab fanden sich ein Kessel, ein Wagen, ein Kiste mit ihren Magie-Utensilien (ein Eulen-Gewölle, kleine Vogel- und Tier-Knochen), eine Beutel mit Bilsenkraut-Samen (diese Samen fördern geräuchert Visionen und Astralreisen) und ein silbernes Amulett in der Form eines Stuhles – diese Art von Amulett findet sich nur in Frauengräbern und stellt den Seherinnen-Hochsitz dar.

III 11. b) Jakob Grimm: Deutsche Mythologie

Gleich den bächen und flüssen ließ der kindliche glaube des alterthums auch den regen aus schalen der himlischen götter entsendet werden und noch den reitenden hexen schreibt man krüge zu, aus denen sie sturm und hagel über die fluren schütten, statt des regens und thaus, der ehemals daraus niedertrof.

War der himmel verschlossen, das feld in dürre schmachtend, so hieng zwar die verleihung des regens zunächst von der gottheit ab, von Donar, oder Maria und Elias, die darum angefleht wurden. Man bediente sich aber noch eines eignen zaubers, der unausbleiblich regenwasser schafte, die götter gewissermaßen nöthigte es zu gewähren. ein junges mädchen wurde ganz entkleidet, nachdem bilsenkraut (althochdeutsch pilisa, hyoscyamus) mit dem kleinen finger der rechten hand ausgerissen an die kleine zehe seines rechten fußes gebunden war, von den andern jungfrauen feierlich zum nächsten fluß geführt und mit der flut besprengt.

Dieser uns durch Burchard von Worms berichtete, also vielleicht noch im 11. jahrhundert am Rhein oder in Hessen geltende brauch erscheint bedeutsamer, da er, mit characteristischer verschiedenheit, die alle unmittelbare entlehnung ausschließt, noch heute unter Serben und Neugriechen lebt.

Die serbische sitte beschreibt Vuk unter dem wort „dodole". dodola heißt das mädchen, welches nakt ausgezogen, aber mit gras, kräutern und blumen dergestalt umwunden wird, daß von der haut und selbst dem gesichte gar nichts zu sehen ist. im geleite andrer jungfrauen zieht nun dodola von haus zu hause, vor jedem bilden sie einen reigen, dodola steht in der mitte und tanzt allein. nun tritt die hausfrau vor und schüttet eine mulde wasser über das immer fort tanzende und sich umdrehende mädchen aus, die begleiterinnen singen lieder und schalten jeder zeile den ausruf ›oj dodo, oj dodo le!‹ ein.

Das zweite dieser regenlieder (pjesme dodolske) in Vuks sammlung lautet:

zu gott flehet unsre doda,	*oj dodo oj dodo le!*
daß thauregen sich ergieße,	*oj dodo oj dodo le!*
daß naß werden alle ackrer,	*oj dodo oj dodo le!*
alle ackrer, alle graber,	*oj dodo oj dodo le!*
selbst im hause alle knechte,	*oj dodo oj dodo le!*

Man ist sicher, daß unmittelbar regen erfolge.

Das Bilsenkraut wurde sehr wahrscheinlich von den Germanen erst im Kult des Sonnengott-Göttervaters Tyr-Beli und ab 500 n.Chr. dann vermutlich im Kult des Odin zur Erleichterung der Jenseitsreise (Astralreise) benutzt worden. Durch die Christianisierung ab ca. 1000 n.Chr. wurde die Verwendung des Bilsenkrautes dann nur noch im Geheimen durch die „Hexen" verwendet.

III 12. Brombeere

Die Brombeere erscheint lediglich in einer Kenning in der Saga über den König Magnus Barfuß, die den Wind als „Verhängnis der Brombeeren" umschreibt. Da in dieser Kenning an der Stelle der Brombeeren auch fast jede andere Pflanze stehen könnte, läßt sich aus ihr keine Symbolik der Brombeeren ableiten.

Die Brombeere scheint bei den Germanen keine Symbolik gehabt zu haben.

III 13. Distel

III 13. a) Der Riese „Distelbart"

Die Distel erscheint nur ein einziges mal in einem eindeutig mythologischen Zusammenhang in dem Namen des Riesen „Thistilbardi". Dessen „Distel-Bart" ist wohl nur als eine der vielen Darstellungen der Riesen als plumpe, dumme, ungehobelte Menschen anzusehen.

III 13. b) Ortsnamen

In alten Ortsnamen kommt „Distel" nur sehr selten vor – auf Island ist lediglich ein Distel-Fjord bekannt.

III 13. c) Stadtwappen

Die Distel findet sich jedoch häufig in Wappen wie z.B. in dem Stadtwappen von Montreal und Nancy (Inschrift: *„Wer sich daran reibt, sticht sich daran."*) oder als Symbol-Pflanze Schottlands. Sie wird in der Heraldik als Symbol für „wehrhafte Standfestigkeit" angesehen.

III 13. d) Runenstein von Ledberg

Auf diesem Runenstein, der um ca. 1050 n.Chr. für einen Mann mit dem Namen „Thorgautr" errichtet worden ist, findet sich am Ende der Widmungs-Inschrift eine Zauberformel:

thmk iii sss ttt iii lll

Diese Inschrift ist ein ganz spezielles Rätsel, dessen Lösung die folgenden drei Worte sind:

„thmk iii sss ttt iii lll" wird durch Umstellung zu:

th·istil
m·istil
k·istil

Diese drei Worte bedeuten:

Distel, Mistel, Kiste

Das ergibt den Satz oder genauer gesagt das Bild:

Eine Distel und eine Mistel in einer Kiste.

Dieses Bild ist zumindestens teilweise bekannt: Hel-Sinmara hält den Mistelzweig, mit dem später Hödur aufgrund einer List des Loki den Baldur erschießt, in einer eisernen Kiste in der Unterwelt verschlossen. Die Mistel ist ursprünglich das Symbol für die Wiedergeburt und nicht für den Tod des Baldur gewesen – die Dinge, die den Toten im Jenseits halfen, wurde aufgrund der Angst vor dem Tod oft zu Todesursachen umgedeutet.

Da die Distel allgemein als sehr wehrhaft angesehen wird, befindet sich in der „Kiste der Hel" die kriegerische Standhaftigkeit und die Hoffnung auf eine Wiedergeburt.

Da dieser Runenstein wie fast alle Runensteine ein Gedenkstein für einen Toten ist (hier ein Mann mit dem Namen „Thorgautr"), kann man diese Zauberformel wie folgt übersetzen:

„Möge Thorgautr aufgrund seiner kriegerischen Standhaftigkeit („Distel") im Jenseits (dort steht die „Kiste") *in Walhalla wiedergeboren werden („Mistel").*

III 13. e) Runenstein von Gorlev

Auch auf diesem um ca. 850 n.Chr. errichteten Runenstein findet sich die eben beschriebene Mistel-Zauberformel. Die Inschrift ist, wie anhand der „Handschrift" erkennbar ist, von zwei verschiedenen Personen angefertigt worden, die auch beide „unterschrieben" haben.

Thjodvi errichtete diesen Stein.
Möge dieses Denkmal gut nutzen.

Mistel Distel Kiste
Ich habe die Runen richtig geritzt.

Gunne und Armund

III 13. f) „Um eine Person daran zu hindern, zu Deinem Haus zu kommen"

(Galdrabok, ca. 1600 n.Chr.)

Wenn Du nicht willst, daß ein Mann zu Deinem Haus kommt, dann ritze dieses Zeichen in einen Ebereschen-Stab, wenn die Sonne ihren höchsten Stand erreicht hat, und gehe dreimal mit dem Sonnenlauf (im Uhrzeigersinn) um Deinen Hof und halte dabei den Ebereschen-Stab, in den Du das Zeichen geschnitzt hast, und dazu etwas Distelkraut und dann lege beide oben über Deine Tür.

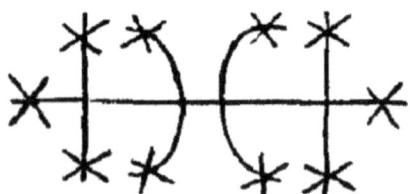

III 13. d) Neunkräuter-Zauberspruch

Nun haben diese 9 Kräuter Macht gegen neun mächtige Heranfliegende,
gegen 9 Gifte und gegen neun ansteckende Heranfliegende,
gegen das rote Gift, gegen das stinkende Gift,
gegen das weiße Gift, gegen das purpurne Gift,
gegen das gelbe Gift, gegen das grüne Gift,
gegen das bleiche Gift, gegen das blaue Gift,
gegen das braune Gift, gegen das karminrote Gift,
gegen Schlangenblattern, gegen Wasserblattern,

gegen Dornblattern, gegen Distelblattern,
gegen Eisblattern, gegen Giftblattern,
wenn irgendein Gift kommt von Osten geflogen,
oder irgendeins von Norden ... ...
... ... (Süden?) ... ... kommt
oder irgendeins von Westen über die Menschheit.
Christus steht über Krankheiten jeder Art.

Welche Krankheit mit diesen „Distelblattern" gemeint ist, ist unbekannt.

III 13. e) Skirnir-Lied

In diesem Text ist einfach nur die Pflanze selber gemeint:

„Wie die Distel wirst Du verdorren, die sich
In die Öffnung des Ofens gedrängt hat!"

> Die Distel scheint bei den Germanen keine eigene Symbolik gehabt zu haben, die über ihre Stacheligkeit hinausgegangen ist, durch sie natürlicherweise eine gute „Abwehr" symbolisiert hat.

III 14. Donnerrebe

> Diese Pflanze wurde möglicherweise nach dem Gott Thor/Donar benannt.

III 15. Eberesche

Es gibt relativ viele Überlieferungen zu der Eberesche, die gut zusammenpassen und daher ein recht klares Bild über die Symbolik dieses Baumes ergeben.

III 15. a) Der Name „Eberesche"

Der Name der Eberesche stammt von dem mittelhochdeutschen „Eberboum" („Eber-Baum") ab, was „dunkelroter Baum", d.h. „Baum mit dunkelroten Beeren" bedeutet. Das Wort „eber" für „dunkelrot" hat seinen Ursprung in dem keltischen Namen „eburos", mit dem die Eibe bezeichnet wurde, die ebenfalls rote Beeren hat.

Da die Ebereschen-Blätter den Eschen-Blättern ähnelt, nannte man sie auch „Eber-Esche", wobei man das Wort „eber" in diesem Zusammenhang wie das „aber" in „Aberglauben" als „falsch" deutete – man sah die „Eberesche" also als „falsche Esche" an.

Der Name dieses Baumes hat nichts mit dem „Eber", also mit dem männlichen Schwein zu tun, sondern bezeichnet ihn als „Eibenbeeren-Esche".

III 15. b) Skaldskaparmal

In diesem Lehrbuch der Skaldenkunst erklärt Snorri Sturluson u.a., warum die Eberesche „Thors Rettung" genannt wird.

Da fuhr Thor zu dem Fluß, der Wimur hieß, dem größten aller Flüsse. Da um spannte er sich mit den Stärkegürteln und stemmte Grids Stab gegen die Strömung; Loki aber hielt sich unten am Gurt. Als nun Thor mitten in den Fluß kam, da wuchs dieser so stark an, daß er ihm bis an die Schulter stieg.

Da sprach Thor:

Wachse nicht, Wimur, nun ich waten muß
Hin zu des Joten Hause.
Wisse, wenn Du wächst, wächst mir die Asenkraft
So hoch wie der Himmel.

Da sah Thor in eine Bergkluft hinauf, daß da Gialp, Geirröds Tochter, quer über dem Strome stand und dessen Wachsen verursachte.

Die Germanen schätzten drastische Bilder … den Donnergott durch Pinkeln zu ertränken …

Da nahm Thor einen großen Stein aus dem Fluß auf und warf nach ihr, indem er sprach: „Bei der Quelle muß man den Strom stauen."
Sein Wurf pflegte sein Ziel nicht zu verfehlen. In demselben Augenblick nahte er sich dem Land, ergriff einen Sperberbaumstrauch und stieg aus dem Fluß: daher das Sprichwort, der Sperberbaum sei Thors Rettung.

Der Fluß, den Thor hier überquert, ist der Jenseitsfluß. Daher sollte der Baum am jenseitigen Ufer des Flusses eigentlich der Weltenbaum sein, da auch dieser ein „Weg zwischen den Welten" ist.
„Sperberbaumstrauch" ist eine andere Bezeichnung für die Eberesche.

III 15. c)   Die Saga über Geirmund Hel-Haut

Die Eberesche ist in dieser Saga ein unheimlicher Baum. Über ihn wird folgendes berichtet:

Geirmund lebte bis in sein hohes Alter in Geirmundarstadir.
Es gab jedoch eine bestimmte grasige Senke in seinem Land, von der er sagte, daß er sie gerne loswerden wollte, wenn es ihm nur irgendwie möglich wäre, vor allem, weil „dort ein Ort in dieser Senke ist, von dem aus jedesmal, wenn ich dort hinschaue, ein strahlendes Licht, das mir überhaupt nicht gefällt, meine Augen trifft. Und dieses Licht schimmert immer über dem Ebereschen-Gesträuch, das dort ganz von selber unten an dem Hang gewachsen ist."
Wenn es einmal geschah, daß sein Vieh in diesem Tal graste, ließ er die Milch von diesem Tag vernichten.
Man erzählt, daß sein Vieh einst in der Nacht dorthin gezogen sei. Als der Hirte aufstand und das Vieh in dem Tal sah, überkam ihn die Angst und er rannte so schnell er konnte, um sie von dort fortzuscheuchen, brach einen Ast ab, schlug die Kühe damit und trieb sie heim nach Geirmundarstadir.
Als Geirmund aus seinem Bett aufstand, sah er, wie der Hirte die Kühe aus dem Tal forttrieb und es gefiel ihm nicht besonders, daß sie dort gewesen waren. Er ging hinaus zu dem Hirten und bemerkte den Ebereschen-Zweig in seiner Hand und daß er das Vieh damit schlug.
Da wurde Geirmund über diese beiden Dinge so wütend, daß er sich auf den Hirten stürzte und ihn heftig verprügelte und ihn anschrie, daß er nie wieder das Vieh mit

einem Zweig aus diesem Tal und am allerwenigsten mit einem von dem Ebereschen-Strauch schlagen solle.

Geirmund konnte diesen Zweig leicht erkennen, weil auf seinem Land nur in diesem Tal ein solcher Strauch wuchs – dort, wo nun die Kirche von Skard steht, wie wir von von Leuten, die sich auskennen, gehört haben.

Geirmund nahm dem Hirten den Zweig fort und verbrannte ihn, trieb sein Vieh auf die Weide und vernichtete die Milch dieses Tages.

Geirmunds Beschreibung des Lichtes um das Ebereschen-Gesträuch klingt wie eine hellsichtige Wahrnehmung – ähnlich der, die man z.B. über frischen Gräbern sehen kann, wenn man etwas Talent für solche Dinge hat.

Es ist interessant, daß gerade dort später eine Kirche errichtet worden ist. Da Kirchen oft dort gebaut wurden, wo früher einmal heidnische Kultplätze gewesen sind, könnte es sein, daß das (hellsichtig wahrnehmbare) Leuchten um die Ebereschen in diesem Tal durch die Tieropfer an einem ehemaligen Kultplatz entstanden ist.

III 15. d)   Schwedischer Brauch

In Südwest-Schweden gab es den Brauch, daß der Hirte an Himmelfahrt die Herde mit einem geschmückten Ebereschenbaum in seinen Händen anführt und diesen Baum dann an dem Giebel des Stalles befestigt, damit die Tiere vor bösen Geistern und Krankheiten geschützt werden.

Des weiteren werden die Jungtiere bei ihrer Namensgebung dreimal mit einem Ebereschenzweig auf den Rücken geschlagen – vermutlich ebenfalls zu ihrem Schutz.

III 15. e)   „Um eine Person daran zu hindern, zu Deinem Haus zu kommen"

(Galdrabok, ca. 1600 n.Chr.)

Wenn Du nicht willst, daß ein Mann zu Deinem Haus kommt, dann ritze dieses Zeichen in einen Ebereschen-Stab, wenn die Sonne ihren höchsten Stand erreicht hat, und gehe dreimal mit dem Sonnenlauf (im Uhrzeigersinn) um Deinen Hof und halte dabei den Ebereschen-Stab, in den Du das Zeichen geschnitzt hast, und dazu etwas Distelkraut und dann lege beide oben über Deine Tür.

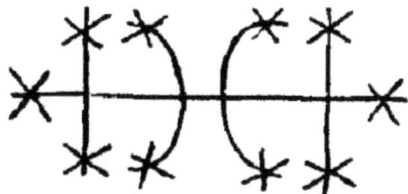

III 15. f) Englischer Brauch

In England gab es um ca. 1880 n.Chr. mehrere Bräuche, in denen die Eberesche eine Rolle gespielt hat:

Man benutzte Ebereschen-Zweige, um böse Geister zu vertreiben.

Die Eberesche wurde „Hexe" genannt.

Wünschelruten, mit denen man verborgene Schätze auffinden wollte, wurden aus der Eberesche hergestellt.

Um die Gesundheit und Fruchtbarkeit des Viehs zu sichern, wurden im Frühjahr, wenn das Vieh das erste mal wieder auf die Weide getrieben wurde, Ebereschen-Zweige zum Treiben benutzt.

Die Stiele von Mistgabeln und ähnlichen Bauernhof-Geräten wurden aus Ebereschen-Holz hergestellt, um das Vieh zu schützen.

Wenn die Eberesche reichlich Beeren trug, sagte man, daß es eine reiche Ernte und einen harten Winter geben würde.

III 15. g) Ebereschen in Wappen

Die Eberesche ist ein beliebtes Motiv in Wappen gewesen und findet sich u.a. in den Wappen der Städte Ebernhahn, Eschenrode, Harmsdorf, Vysocina (Tschechei) und Wigan (bei Manchester).

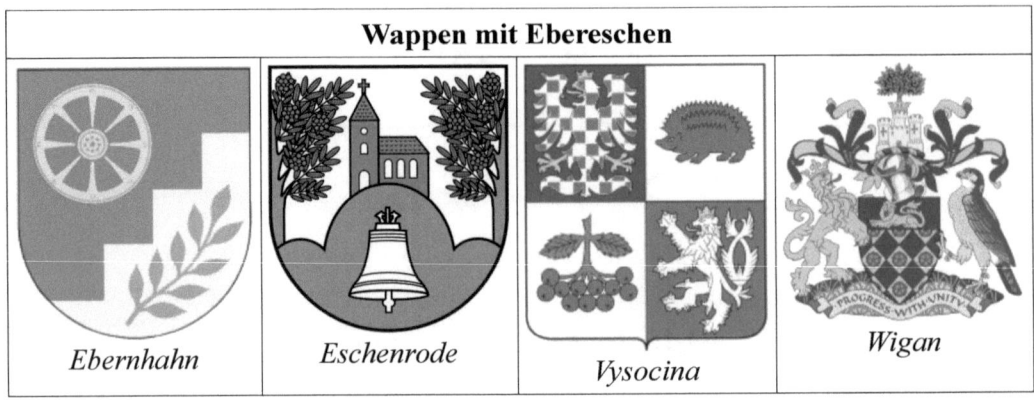

III 15. h) Erd-Heilungszauber aus dem Buch „Lacnunga"

Der vollständige Text dieses Zaubers, der im 11. Jahrhundert in Südwestengland verfaßt worden ist, findet sich in Kapitel IV am Ende dieses Buches.

Und laß vier Christus-Zeichen (Kreuze) *aus Ebereschenholz machen und darauf an jedes Ende 'Matthäus und Marcus, Lukas und Johannes' schreiben.*

III 15. h) Die Geschichte des irischen Königs Cormac mac Art

Bei den Kelten wurden magische Feuer zumindestens manchmal aus Ebereschenholz aufgeschichtet.

Cormacs Gastfreundschaft war so großzügig, daß sein königlicher Schatz schnell erschöpft gewesen war. Er versuchte, von dem Königreich Munster die doppelten Abgaben zu erhalten; da Munster aus zwei Provinzen bestand, glaubte Cormac, daß sie ihm den doppelten Betrag geben könnten. Doch König Fiacha von Munster sah nicht ein, daß diese Forderung gerecht sei und bot ihm das an, was er für eine ausreichende Abgabe an den irischen Hochkönig Cormac hielt.
  Cormac rief seine Druiden zusammen, damit sie ihm eine Vorhersage über die Ergebnisse eines Angriffs gegen Munster machten. Obwohl die Druiden ihm nur ungünstige Vorhersagen über einen Angriff auf Munster machten, brach er dennoch zum Kampf gegen Damhghaire auf. Cormacs Druiden ließen alle Quellen und Bäche in Munster versiegen. Aber Mogh Ruith („Sonnenrad"), der Druide des Königs

Fiacha, kam Cormacs Heer entgegen. Mogh Ruith hatte im Osten gelernt, in der Schule des berühmten Simon Magus – denn Simon Magus war ein Kelte.

Mogh Ruith, der der Oberdruide Irlands war, beendete die Dürre in Munster. Da sagte Cormacs Druide Ciothruadh („Roter Regen"), daß es ihre letzte Möglichkeit sei, das Druidenfeuer gegen den Feind einzusetzen. Er befahl Cormacs Männern loszuziehen und Ebereschen zu fällen und aus dem Holz ein großes Feuer zu machen. Wenn der Rauch des Feuer nach Süden auf Munster zu ziehen würde, würde Cormac siegen, aber wenn er nordwärts ziehen würde, würde Munster Cormac besiegen.

Auch das Flechtwerk, auf das die Druiden das Stierfell bei ihren Jenseitsreisen legten, war aus Ebereschenholz. Die Eberesche hat somit eine Verbindung zu Orakeln und zur Jenseitsreise, die ihrerseits beide auch eng miteinander verbunden sind, da die Orakelsprüche aus dem Jenseits von den Ahnen und Göttern zu den Druiden kommen. Da der Rauch zu den Verlieren zieht, wird mit diesem Feuer anscheinend eine zerstörerische Wirkung auf den gerufen, zu dem es hinzieht. Man könnte daher vermuten, daß dieses Feuer aus Ebereschenholz mit der als Hitze empfundenen Kampfekstase verwandt ist. Es wäre auch denkbar, daß dieser „Feuerzauber" die Anrufung einer Kriegsgöttin ist, die dem, zu dem der Rauch zieht, die Niederlage bringt.

Das Verfahren ist insgesamt sehr heikel, wenn es keine Möglichkeiten gibt, den Rauch gezielt zu dem Gegner zu lenken. Dafür wäre dann eigentlich ein Windzauber in der Art, wie ihn Taliesin am Hof von Elphins König durchgeführt hat, notwendig.

Mogh Ruith erkannte, was Cormacs Druiden vorhatten, und befahl den Männern von Munster, Reisigbündel aus Ebereschenholz aus dem Wald zu holen. Dem König sandte er aus, ein besonderes Reisigbündel zu holen, das aus Zweigen bestand, die im Schutz von drei Dingen gewachsen waren: geschützt vor den Nordwestwinden, die im März von Tara her wehten, geschützt von den Seewinden, und geschützt von den Winden des großen Brandes, der von den Druiden des Cormac entzündet worden war, um den Männern von Munster zu schaden.

Mogh Ruiths Lehrling, Ceannmhaire, baute dieses Holz in der Form eines Dreieckes auf und ließ sieben Öffnungen für die Luft frei – Ciothruadhs Feuer war jedoch nur grob aufgehäuft worden mit drei Löchern für die Luft. Dann erbat sich Mogh Ruith von jedem Mann des Heeres von Munster einen Span von dem Schaft seines Speeres, vermischte sie mit Butter und rollte sie zu einer großen Kugel, während er die ganze Zeit über sprach:

> *„Ich mische ein brüllendes, mächtiges Feuer;*
> *es wird die Wälder niederbrennen, es wird das Gras vernichten;*
> *eine wütende Flamme mit rasender Geschwindigkeit;*
> *sie wird wird zum Himmel emporlodern;*

sie wird die Wut eines jeden brennenden Holzes unterwerfen;
sie wird eine Schlacht über die Clane des Conn hereinbrechen lassen."

Dann warf er die Kugel in das Feuer, in der sie mit großer Wucht explodierte. Mogh Ruith sagte ihnen, daß er dabei war, dem Feind eine große Niederlage zuzufügen und forderte sie auf, zu schauen, ob das Feuer nordwärts zu ihren Feinden lodern würde. Dann atmete er seinen Druidenatem in den Himmel empor. Sein Druidenatem wurde sofort zu einer bedrohlichen dunklen Wolke, die in einem Schauer von dunklem Blut auf der Ebene vor ihnen niederregnete und von dort aus nach Tara weiterzog, während der Druide die ganze Zeit über seine rhythmischen Verse weitersang.

Mogh Ruith frug, wie sich die Flammen verhielten, denn er war blind. Sie sagten ihm, daß die Feuer nach Norden und Westen wie Wellen übereinanderrollten und vorwärtsrasten und daß im mittleren Munster kein Baum mehr stand. Als er wieder frug, hatten sich die Flammen wie wütende Krieger in den Himmel erhoben.

Da verlangte Mogh Ruith sein dunkelgraues, hornloses Stierfell und seine weiße, gefleckte Vogelkopfbedeckung und flog in die Luft empor bis zu dem Rand der Flammen und befahl ihnen, nordwärts zu ziehen. Als Ciothruad, Cormacs Druide, dies sah, erhob er sich ebenfalls in die Lüfte, um Mogh Ruith aufzuhalten. Aber Mogh Ruith schlug ihn nieder und lenkte die Flammen nach Norden.

Die Astralreise, bei der die Seele den Körper verläßt und über ihm schwebt, ist hier zu einem körperlichen Flug („Levitation") geworden, der u.a. auch von einigen christlichen Heiligen und vielen Yogis bekannt ist.

Das „fliegende Stierfell" ist u.a. eine Entsprechung zu den fliegenden Teppichen im Orient oder den Hexenbesen im europäischen Mittelalter. Der „Kopfaufsatz" in der Gestalt eines Vogelkopfes, den Mogh Ruith bei seinem Flug benutzte, findet sich auch bei einigen der Figuren („Vogelkopfmensch") auf dem größeren Horn von Gallehus dargestellt.

Das Stierfell des Mogh Ruith ist offensichtlich nicht das Fell eines frisch geopferten Stieres, sondern eins, daß er bereits seit längerem in Gebrauch hatte. Es ist denkbar, daß es sich um das Fell handelte, daß bei seiner Einweihung geopfert wurde. Dadurch wäre dieses Fell fest mit seinem Nahtod-Erlebnis (Astralreise) bei seiner Einweihung verbunden und folglich sehr gut dafür geeignet, dieses Erlebnis zu wiederholen.

Cormacs Heer zog sich zurück, dicht verfolgt von Mogh Ruith, der in seinem von wilden Stieren gezogen Streitwagen stand. Er frug seine Begleiter, wer die Männer in der Nachhut des feindlichen Heeres seien.

„Es sind drei große, grauhaarige Männer," sprachen sie.

„Es sind Cormacs Drui-den Cecht, Ciotha und Ciothruadh," sprach Mogh Ruith,

„und meine Götter haben mir versprochen, sie in Steine zu verwandeln, wenn es mir gelingt, sie zu überholen und sie mit meinem Atem zu berühren."

Und er blies einen Druidenatem über sie und sofort wurden sie zu Stein. Dies sind die Steine, die bis heute die „Trittsteine von Raighne" genannt werden.

Die Eberesche ist eng mit Schutz assoziiert worden – insbesondere mit dem Schutz des Viehs. In einer Geschichte ist dies allerdings in die Befürchtung des Schadens für das Vieh umgekehrt worden.

Die Eberesche ist „Thors Rettung" beim Überqueren des Jenseitsflusses. Sie ist also recht wahrscheinlich der Weltenbaum selber – vielleicht der „kleine Bruder" der großen Esche, die ansonsten als Weltenbaum angesehen wurde?

Möglicherweise standen die Ebereschen als „Weltenbaum" an Kultplätzen. Zumindestens an einem dieser Plätze stand später eine Kirche.

Man benutzte Ebereschenzweige auch zum Vertreiben von Geistern und zum Anfertigen von Wünschelruten.

Die Kelten verwendeten Ebereschenzweige sowohl zum Aufbau des Magie-Podestes als auch für Feuer mit magischer Wirkung. In beiden Fällen sind die Ebereschenzweige mit der Jenseitsreise bzw. Astralreise verbunden gewesen, was wieder auf die Symbolik der Eberesche als Weltenbaum hinweist.

III 16. Efeu

III 16. a) Gesta danorum

In der Gesta danorum wird das Efeu als Siegerkranz erwähnt. Ob diese Symbolik auch den Germanen geläufig gewesen ist, ist unklar – möglicherweise war diese von den Griechen, Thrakern und Römern stammende Vorstellung damals nur den klassisch gebildeten Mönchen und Fürsten bekannt.

„Wer hat jemals den Weichling im Krieg mit Efeu bekränzt
oder ihm den Lohn des Eroberers gereicht?"

III 16. b) Efeu in den Mysterien

Das Efeu wurde in den Mysterien im Mittelmeerraum (Griechen, Thraker u.a.) als Symbol des Todes und daher auch der erfolgreichen Jenseitsreise, die das zentrale Element aller Mysterien ist, angesehen.

Diese immergrüne Pflanze entspricht daher von ihrer Symbolik der ebenfalls immergrünen Mistel.

Am bekanntesten ist das Efeu aus der Symbolik der Griechen wie u.a. die Abbildungen auf ihren Münzen zeigen, die manchmal auf die Mysterien hinweisen:

Silen (Mann mit Pferdeschweif), Efeu (Rückseite: Dionysos);Griechen, 425 v.Chr.

Pan mit Efeukranz (Rückseite: Greif); Griechen, 310 v.Chr.

Schlange in Kiste aus dem Allerheiligsten von Eleusis, außen Efeu; Griechen, 134 v.Chr.

Das Efeu ist das Symbol des Todes und somit auch das Symbol der Wiedergeborenen wie z.B. Pan, der ursprünglich der gehörnte Ahn in dem Wildnis-Jenseits gewesen ist. Der Silen ist wie der Centaur mit seinem Pferdeschweif die neuere Form des Ziegen-Pan, des Stier-Zeus und des Hirsch-Mannes, die entstanden ist, als Ziege, Hirsch und Stier weitgehend durch das Pferd ersetzt wurden. Der Silen war auch eng mit dem Kult des Dionysos und seinen Mysterien verbunden. Der „Herdentier-Mann" ist jedoch nicht nur der Tote im Jenseits, sondern auch der Jenseitsreisende.

In den Homerischen Hymnen heißt es in den Versen, die an Dionysos gerichtet sind, wie folgt:

*Nun beginne ich für den Efeu-bekränzten Dionysos zu singen,
für den lautschreienden Gott, den prächtigen Sohn des Zeus
und der ruhmreichen Selene.*

Auch die Kelten haben diese Efeu-Symbolik übernommen, wie die Efeu-Ranken auf dem Kessel von Gundestrup zeigen, der von den Thrakern hergestellt worden ist, auf dem keltische Gottheiten abgebildet worden sind und der von den Germanen verwendet worden ist.

> Das Efeu als Siegerkranz geht auf den Efeukranz der Teilnehmer der Mysterien im Mittelmeerraum zurück. Das Efeu hat das Jenseits und vor allem die Jenseitsreise dargestellte, da es eine immergrüne Pflanze ist, deren Blätter den Winter, der den Tod und das Jenseits symbolisierte, überdauern.
>
> Diese nicht-germanische Vorstellung wird möglicherweise nur dem klassisch gebildeten Klerus und Adel bekannt gewesen sein – sicher ist dies jedoch nicht.

III 17.   Eibe

III 17. a)   Die Rune „Yr"

In den Liedern und Sagen taucht die Eibe nicht auf, aber da der Name der Yr-Rune die Bedeutung „Eibe" hat, muß die Eibe für die Germanen um ca. 100 n.Chr., als die Runen aus einem norditalienischen Alphabeth abgeleitet und benannt wurden, eine größere Bedeutung gehabt haben.

In den betreffenden Runen-Lieder ist jedoch meistens der Eiben-Bogen und nicht die Eibe als Baum gemeint. Es könnte daher eine Assoziation der Eibe mit dem Eibengott Ullr oder mit Tyr, da Ullr vermutlich Tyr im Winter-Jenseits ist, gegeben haben. Der Gott Ullr wohnte in „Ydalir", d.h. im „Eiben-Tal".

Nur in einem Fall bezeichnet „Yr" auch die Eibe als Wächter und Beschützer des Hofes.

Als immergrüner Baum könte die Symbolik der Eibe mit der Symbolik der ebenfalls immergrünen Mistel verwandt sein. Falls dies zutrifft, könnte der Zusammenhang zwischen Ullr und der Eibe derselbe sein wie zwischen Baldur und der Mistel: Die immergrüne Pflanze symbolisiert die Hoffnung, daß der betreffende Gott am Ende des Winters aus dem Jenseits zurückkehren wird – Baldur aus der Halle der Hel, die die Mistel in einer Kiste aufbewahrt (siehe „Distel") aufbewahrt, und Ullr aus dem Eibental. Dieselbe Symbolik hat auch das Efeu in den Mysterien.

> Die Eibe ist wahrscheinlich wie die Mistel und das Efeu ein Symbol der Hoffnung auf das nächste Frühjahr, in dem Baldur aus der Halle der Hel und Tyr-Ullr aus dem Eiben-Tal zurückkehren.

III 18.   Eicheln

III 18. a)   Die Donar-Eiche

Die Donar-Eiche der Sachsen war der heilige Baum, der dem Thor-Donar geweiht gewesen ist.

III 18. b)   Das andere Gudrun-Lied

Der folgende Zaubertrank hatte als Wirkung eine „partielle Amnesie", d.h. das Vergessen einer bestimmten Erinnerung:

Gudrun:
„Grimhild brachte den Becher mir dar,
Den kalten, herben, daß ich Harms vergäße;
Hinein war gemischt die magische Kraft der Jörd,
Eiskalte See und Schweine-Blut.

In das Horn hatten sie alle Arten von Runen
Geritzt und gerötet; ich erriet sie nicht.
Einen Heide-Fisch aus der Haddinge Land,
Ungeschnittne Ähre und Eingeweide von Tieren.

Im Gebrauten beisammen war Bosheit viel,
Blüten von Bäumen und geröstete Eicheln,
Tau des Herdes und geweihte Eingeweide,
Schweinsleber, die den Schmerz betäubt."

Da vergaß ich, als sie mir den Trank reichten,
dort in meiner Halle, den Mord an meinem Gatten.

Ein Teil der Zaubertankzutaten aus diesem Rezept läßt sich aus den germanischen Mythen heraus erklären:

Die „eiskalte See" und die „magische Kraft der Jörd (Erde)" beziehen sich auf die neuen Mütter des Tyr-Heimdall, also auf die am Morgen wiedergeborene Sonne.

Die Schweinsleber und das Schweineblut stammen aus dem Opferritual, das wahrscheinlich auch für den Sonnengott-Göttervater Tyr (später Heimdall) durchgeführt worden ist.

Die „geweihten Eingeweide" stammen vermutlich aus den Eingeweide-Orakeln, die mit den Opferungen der Tiere in Zusammenhang gestanden haben.

Der „Heide-Fisch der Haddinge", also der Totengeist in der Gestalt einer Schlange oder eines Drachen, könnte ebenfalls Tyr-Heimdall sein.

Die „Asche" („Tau des Herdes") ist evtl. der Überrest eines Bestattungsfeuers.

Die „ungeschnittenen Ähren" könnten aus einem Korn-Ritual stammen, bei dem auch das Korn im Winter in die Unterwelt gereist ist – was durch die von Loki abgeschnittenen goldenen Haare des Göttin Sif symbolisiert wird.

Die „gerösteten Eicheln" könnten ein Nahrungsmittel sein – aus ihnen wurde Brei, Kuchen und Eichelkaffee hergestellt.

Die „Blüten von Bäumen" klingen nach einer symbolischen Zutat. Sind die Blüten bei den Germanen möglicherweise wie bei anderen Völkern auch als die wiedergeborenen Seelen am Weltenbaum aufgefaßt worden?

Die „Runen" werden die Zauberkraft, die sich aus den Zutaten des Trankes ergab, verstärkt haben.

Dieser Vergessens-Trank stammt mit recht großer Wahrscheinlichkeit aus dem Sonnenaufgangs-Ritual des Tyr-Heimdall sowie aus den Bestattungsbräuchen.

Das Vergessen, das dieser Zaubertrank bewirkt, entspricht der „Bewußtlosigkeit" der Toten und evtl. auch der Schlafenden.

III 18. c)   Kenningar

Die Umschreibung eines Herzens als „Tief-Eichel" durch den Skalden Eilifir Godrunarson in der „Thorsdrapa" könnte einfach auf der ähnlichen Form beruhen oder auch auf der allerdings recht langen Assoziationskette „Hrungnirherz – Herz des Göttervaters Tyr – Weltenbaum-Eiche, auf dem Tyr-Thiazi als sein Adler-Seelenvogel erscheint – Eichel".

III 18. d)   Der Name „Druide"

Der Name „Druide" setzt sich vermutlich aus „dru" für „Eiche, Baum" (englisch: tree) sowie „wid" für „sehen" (lateinisch: video) zusammen und bedeutet daher

„Eichen-Seher". Dieser Name bezeichnet jemanden, der mithilfe einer Eiche sieht – was nur dann Sinn ergibt, wenn diese Eiche der Weltenbaum ist, den ein Seher oder eine Seherin als Weg in das Jenseits benutzt, um von dort aus dann mithilfe der Götter und der Ahnen alles sehen zu können.

> Die Eichel war möglicherweise ein Symbol für das Herz und als solches mit dem „Hrungnir-Herz" verbunden. Dieser Zusammenhang ist jedoch unsicher.
> Die Eiche selber ist manchmal der Weltenbaum gewesen. Da das Herz als „Tempel der Seele" angesehen worden ist, würde die Auffassung des Herzens als Eichel gut passen, da die Seele über den Eichen-Weltenbaum-Weg am Anfang des Lebens in das Diesseits kommt und am Ende des Lebens über diesen Weg auch wieder das Diesseits verläßt.

III 19. Eisenkraut

Bei dieser Pflanze ermöglichen u.a. ihre verschiedenen Namen einen Rekonstruktionsversuch der mit ihr ehemals verbunden Vorstellungen.

III 19. a) Jacob Grimm: Deutsche Mythologie

Verbena gehört nach Schwenck zu veru (Bratspieß) und Virbius, steht nach Bergk für herbena (Kraut). sie ist heilig und heißt deswegen griechisch ιεροβοτάνη, im lateinischen auch herba pura („reines Kraut"), qua coronabantur bella indicturi. (Plinius).

Sie wird περιστερειόν genannt, weil tauben gern dabei sitzen, auch ferraria – η σιδηρῖτις.

Die verbena heißt althochdeutsch îsarna, îsenîna. îsincletta, îsenarre, îserenbart.

Mittelhochdeutsch: îsenhart.

Neuhochdeutsch: eisenkraut, das ins Johannisfeuer geworfen wird.

Vergleiche „lay aside the Johnswort and the vervain!"

Neuniederländisch: îzerkrůd, schwedisch jernört, dänisch jernurt.

Ffür das graben des eisenkrauts gab es einen segen.
Angelsächsich: æscvyrt verbena. æscþrote verbene.

> Das Eisenkraut wurde mit Eisen, Reinheit, Tauben und dem Johannifeuer zur Sommersonnenwende verbunden. Dies läßt eine der Wegwarte entsprechende Symbolik vermuten: die Wiedergeburt des Sonnengott-Göttervaters Tyr als Seelenvogel. Das Eisen könnte sich auf sein Schwert und somit darauf, daß er der Kriegsgott gewesen ist, beziehen. Er wurde dem Mars gleichgesetzt, dem ebenfalls das Eisen entspricht.

III 20. Farn

Die Überlieferung zum Farn ist vielfältig und widersprüchlich, was vermuten läßt, daß diese Pflanze einst eine relativ wichtige Rolle gespielt hat.

III 20. a) Jacob Grimm: Deutsche Mythologie

Althochdeutsch faram filix (Farn), mittelhochdeutsch varm, varn, angelsächsisch fearn, englisch fern. von der filix meldet Plinius nichts mythisches.
... ...
Ein kräuterbuch sagt: farnkraut ist auf dem felde schwer zu tilgen, außer man reiße es um auf den tag Johannis enthauptung, dann vergeht der farn.
Er scheint weder blumen noch samen zu tragen; wer farnsamen holen will, muß keck sein und den teufel zwingen können. man geht ihm auf Johannisnacht noch vor tagesanbruch, zündet ein feuer und legt tücher oder breite blätter unter das farnkraut, dann kann man seinen samen aufheben. Manche heften blühendes farnkraut über die hausthüre, dann geht alles gut, so weit die peitsche beim fuhrwerk reicht (etwa auf fünf schritte hin).

Redekers westfälische sagen enthalten einige nähere auskunft: der farnsamen macht unsichtbar, ist aber schwer zu finden, denn nur in der mittsommersnacht von zwölf bis eins reift er, und fällt dann gleich ab und ist verschwunden.

Einem manne, der gerade in dieser nacht sein verlornes füllen suchte und durch eine wiese kam, in welcher farnsamen reifte, fiel er in die schuhe. des morgens kehrte er wieder nach hause, trat in die stube und setzte sich: es dauchte ihn seltsam, daß frau und hausleute gar nicht auf ihn achteten.

Da sprach er: „Das fohlen habe ich nicht gefunden."

Alle in der stube anwesenden erschraken sichtlich, sie hörten des mannes stimme und sahen ihn nicht.

Als ihn nun die frau bei namen rief, stellte er sich mitten in die stube und sagte: „Was rufst Du, ich stehe ja nahe vor Dir."

Da wurde der schreck noch größer, und dem mann fiel ein, daß ihn etwas in den schuhen drückte, als wäre sand darin. kaum hatte er sie abgezogen und ausgestäubt, so stand er sichtbar da vor aller augen. Das ist der wünschelsame des varmen.

Conrad von Würzburg in einem liede:

het ich sâmen von dem varn,
den würfe ich dar den scheiden,
daz sin verslünden, ê mîn dienest von ir solde scheiden.

Die scheiden sind große fische, siluri, und öfter zu wortspiel gebraucht. ihnen soll farnsame zu verschlingen dargeworfen werden, eh ein liebender aus dem dienst seiner frau scheide; der same, scheint es, würde ihm anderswo glück zu wege gebracht haben, er gibt ihn fort, um ihr treue zu halten. unsichtbarkeit ist hier nicht gemeint. Nach Thiers soll die fougère (filix) ›cueillie la veille de la saint Jean justement à midi‹ glück im spiel bringen dem, der sie bei sich trägt.

Dies farnkraut heißt im Thüringerwalde irrkraut, manche nennen es auch atterkreutich, otterkraut. wenn man ohne es zu sehn darüber schreitet, so macht es irre und wirre, und man kennt weder weg noch steg mehr, selbst wenn man auf den bekanntesten stellen des waldes ist. um das irregehn zu verhüten oder aufzuheben muß der wandrer sich niedersetzen und die schuhe wechseln, oder wenn es ein frauenzimmer ist, die schürze abbinden und umgedreht anbinden, alsbald weiß man wieder den rechten weg.

Sicher war der irrsame in den schuh oder gürtel, beim entschuhen und entgürten wieder heraus gefallen. Man sagt auch, wer otterkraut bei sich trage, den verfolgen die ottern so lange bis er es wegwerfe. An einigen orten heißt es Walburgiskraut.

Sein russischer name ist paporot, polnisch paproć, altböhmisch paprut, jetzt papradj, kapradj, slovenisch praprat, praprot, litthauisch papartis, lettisch papardi. Auch nach Woycicki erblüht es gerade auf Johannis mitternacht und schwer ist diese blume (kwiat paproci) zu erlangen, weil unter dem brechen sturm und donner sich erhebt; wer sich jedoch ihrer bemächtigt, wird reich und kann weissagen.

Farnsamen läßt den Wanderer in die Irre gehen und er macht ihn unsichtbar. Das Verirren im Wald (wo der Farn wächst) ist oft ein Bild für eine Jenseitsreise. Auch die Unsichtbarkeit ist ein Symbol der Jenseitsreise, da die Seele (Astralkörper) des Toten unsichtbar ist.

Der durch das Farnkraut bewirkte Schutz und das Glück, das der Farnsamen in manchen Texten bringt, läßt vermuten, daß der Farn einst die Toten schützen und ihnen eine sichere und glückliche Jenseitsreise geben sollte. Möglicherweise hat man die Toten in ihrem Grab auf Farnkraut gebettet.

Es bleibt allerdings unklar, welche mythologische Vorstellung diesem vermuteten Brauch, aus dem die verschiedenen Aspekte der Farnkraut-Überlieferung entstanden sein könnten, zugrunde gelegen haben mag.

Möglicherweise gab es auch einen Zusammenhang mit der Sonne (Jenseitsreise des Tyr?), da der Samen des Farnkrautes an Mittsommer (Johanni) geerntet werden soll bzw. zu dieser Zeit wirksam ist.

III 21. Fenchel

III 21. a) Neunkräuter-Zauberspruch

Diese Pflanze wird nur in dem altenglischen Neunkräuter-Zauberspruch beschrieben, der um ca. 900 n.Chr. niedergeschrieben worden ist.

Kerbel und Fenchel, zwei sehr mächtige,
diese Kräuter schuf der weise Herr,
der Heilige im Himmel, als er hing (d.h. Christus oder Odin)*;*
setze und sandte sie in 7 Welten
den Armen und Reichen, allen zur Hilfe.

Um ca. 900 n.Chr. wurde der Fenchel als Heilpflanze aufgefaßt, die mit Odin/Christus und dem Weltenbaum/Kreuz assoziiert wurde. Ob auch andere Germanenstämme als die Angeln und die Sachsen diese Vorstellung hatten, ist unbekannt.

III 22.   Fieberkraut

III 22. a)   „With Färstice"

Der folgende angelsächsische Zauberspruchs gegen einen plötzlichen Stich, also gegen einen „Hexenschuß", ist nach seinen Anfangsworten als „With Färstice" benannt worden. Er ist der einzige magisch-religiöse Text der Germanen, in denen das Fieberkraut erwähnt wird.

Der Stich, den man beim Hexenschuß spürt, wurde als ein unsichtbarer Speer aufgefaßt, der auf den Betreffenden geworfen worden ist.

Gegen einen plötzlichen Stich: Fieberkraut und die rote Nessel, die bei Häusern wächst, und Wegerich – in Butter kochen.

„Laut waren sie – oh, laut!, als sie über den Hügel ritten;
einsgerichtet waren sie, als sie über das Land ritten!
Schütze Dich jetzt: dieses Übel könnte sonst bleiben.
Hinaus, kleiner Speer!, wenn Du hier drinnen sein solltest.

Ich stand hinter einem Lindenholz-Schild, hinter einem leichten Schild,
als diese mächtigen Frauen ihre Heere aufstellten
und schreiend ihre Speere warfen.
Einer anderen von ihnen werde ich
den fliegenden Speer zurücksenden!
Hinaus, kleiner Speer!, wenn Du hier drinnen sein solltest.

Da saß ein Schmied und schmiedete ein kleines Messer,
eiserne Waffen, überaus wundervoll.
Hinaus, kleiner Speer!, wenn Du hier drinnen sein solltest.

Da saßen sechs Schmiede, fertigten tödliche Speere.
Hinaus, kleiner Speer! Nicht hinein, kleiner Speer!

Wenn Du hier drinnen bist, kleines Eisenstück,
wenn Du in das Fleisch oder in das Blut geschleudert worden bist,
wenn Du das Werk einer Hexe sein solltest: dann sollst Du schmelzen!

Wenn Du in die Haut oder in den Leib geschleudert worden bist,
Wenn Du in den Knochen oder in das Blut geschleudert worden bist,
Wenn Du in ein Glieder geschossen worden bist: Niemals wird Dein Leben Schaden nehmen!

*Wenn ihn böse Geister oder Elfen geschleudert haben,
oder wenn ihn eine Hexe geschossen hat: Ich helfe Dir jetzt.*

*Dies ist ein Heilmittel gegen den Schuß von bösen Geistern, dies ist ein Heilmittel
gegen den Schuß eines Elfen,
Dies ist ein Heilmittel gegen den Schuß einer Hexe: Ich werde Dir helfen.
Speer, fliege in den Berggipfel!!!*

Du bist gesund. Gott möge Dir helfen."

Dann nehme das Messer und tauche es in die Flüssigkeit

„Fieberkraut" kann mehrere Pflanzen sein: Fieberkraut oder auch Haariger Odermennig, Bertramwurz, Persische Insektenblume, Rote Wucherblume, Zierkamillie, Falsche Kamille, Römische Kamille und Mutterkraut.

„Rote Nessel" kann mehrere Pflanzen sein: Rote Taubnessel oder auch Schmalblättriger Hohlzahn, Ackerhohlzahn und Breitblättriger Hohlzahn.

Statt des Wegerichs könnte auch der Breitwegerich gemeint sein.

Leider wird nicht gesagt, was mit dem Messer getan wird, nachdem es in die Butter getaucht worden ist, in der Fieberkraut, Rote Nessel und Wegerich gekocht worden sind.

Die leicht variierten Wiederholungen sind ein typisches Merkmal der germanischen Zaubersprüche im klassischen „Galdr-Stil".

Man kann von diesem Zauberspruch einiges über Affirmation lernen: Er ist bildhaft, lyrisch, präzise, konzentriert, benennt die Krankheit und spielt sie nicht herab, schließt alle Ursachen und Möglichkeiten mit ein, nimmt Bezug zum Körper, versichert den Kranken der Hilfe des Heilers, der Heiler spricht teilweise zu dem Kranken und teilweise anstelle des Kranken, der Zauberspruch beinhaltet eine Handlung und Hilfsmittel (Messer) und eine Arznei (Butter-Absud), er wird wiederholt, er steigert sich und nimmt Bezug auf Gott.

Was will man mehr?

Fieberkraut ist ein Bestandteil eines Heilmittels gegen einen Hexenschuß. Dieses Kraut ist jedoch neben dem dazugehörigen Zauberspruch von untergeordneter Wichtigkeit.

III 23. Flachs (Leinkraut)

III 23. a) Jakob Grimm: Deutsche Mythologie – Flachs

Bei dem flachsbau wird es nicht an segensprüchen und bräuchen gemangelt haben, noch heute singen die mädchen unter dieser arbeit mancherlei lieder.

Wenn der lein gesät wurde, stieg an einigen orten die hausfrau auf den tisch, tanzte und sprang rücklings herab: so hoch sie niedersprang, so hoch sollte der flachs wachsen.

... ...

In der Wetterau, beim säen des krauts, muß die frau auf den heerd springen und rufen: ›häupter wie mein kopf, blätter wie mein schürz und dorschen (strünke) wie mein bein!‹ so wird das kraut gerathen.

III 23. b) Hymir-Lied

In der letzten Strophe dieses Liedes wird gesagt, daß bei der Lein-Ernte, also im Spätsommer oder im Frühherbst Bier (Ael) getrunken worden ist.

Kraftgerüstet kam er zum Göttermahl
Und hatte den Hafen, den Hymir besessen.
Daraus sollen trinken die seligen Götter
Ael in Ägirs Haus jede Leinernte.

er = Thor
Hafen = Kessel

Es hat Zauber gegeben, die das Wachstum des Flachses fördern sollten.

III 24. Frauenhaarfarn

Über diese Pflanze wird lediglich in einem Kräuterbuch berichtet.

III 24. a) Jacob Grimm: Deutsche Mythologie

Widertân (adiantum = Frauenhaarfarn) mit dem partizip von tuon gebildet, später in widerthon, widertod verderbt, die echte form hat noch Frank.

Das kräuterbuch sagt: damit wird viel abenteuer getrieben, das lassen wir als narrenwerk und teufelsgespenst fahren. heißt auch jungfrauhaar und ist schön goldfarb. es haben die alten weiber viel fantasei mit kräutern und sprechen, das rothe steinbrechlin (saxifraga) mit den linsenblättlin heiße abthon, das nacket jungfrauhaar heiße widerthon und mit beiden können sie nach ihrem gefallen ›abthon‹ und ›widerthon‹.

Soll das sagen: mannheit nehmen und geben? dann ständen sich abetân und widertân gegenüber, wie zubringen und abbringen; Frisch hat abthon trichomanes, polytrichon, und widerthon lunaria, thora salutifera.

grüß dich gott, ankehrkraut
ich brock dich ab und trag dich nach haus;
wirf bei meinem kuhel fingerdick auf!

Frauenhaarfarn scheint als magisches Aphrodisiakum für (und gegen) Männer aufgefaßt worden zu sein.

III 25. Galläpfel

Die Beschreibung der Wirkungen der Galläpfel sind ausgesprochen unspezifisch.

III 25. a) Jacob Grimm: Deutsche Mythologie

Der schlafapfel soll aus dem stich einer wespe in den dorn hervorgehn; gleich wurzellos entsteht auf eichen der weissagende gallapfel durch solchen stich. italienisch gallozza, neapolitanisch gliantra, vergleiche ›tre gliantre mascole‹. gewächse, deren ursprung aus samen und wurzel nicht nachgewiesen werden konnte, wie wahrscheinlich auch das vogelnest, erschienen wunderbar und zauberkräftig, man hängt galläpfel zu des hauses sicherung am küchenbalken auf.

> Der Gallapfel scheint zu schützen und möglicherweise den Schlaf zu fördern.

III 26.   Gänsefuß

III 26. a) Jacob Grimm: Deutsche Mythologie

Merkwürdiger scheint die herba boni Henrici (chenopodium = Gänsefuß), auch bloß bonus Henricus genannt, gut Heinrich; stolz Heinrich (atriplex); roth Heinrich.
Ich erkläre sie aus den vorstellungen von elben und kobolden, die gern Heinz oder Heinrich heißen, was hernach auf teufel und hexen übergieng, solchen dämonischen wesen schrieb man die heilkraft des krautes zu. selbst die, ihrem ursprung nach, unerforschte sage vom armen Heinrich könnte mit einem kraut zusammenhängen, das den aussatz heilte. die herba boni Henrici soll gerade gegen diese sucht angewendet worden sein.

> Der Gänsefuß scheint mit hilfreichen Elfen und Kobolden verbunden gewesen zu sein, die insbesondere den Aussatz heilten.

III 27. Gewöhnlicher Flachbärlapp

Der altnordische Name „jafni" dieser Pflanze bedeutet „Gleicher, Ebener, Flacher" und bezieht sich vermutlich auf die flachliegenden Blätter.

III 27. a) Jacob Grimm: Deutsche Mythologie

Lycopodium complanatum (Gewöhnlicher Flachbärlapp), *altnordisch jafni* (Gleicher, Ebenbürtiger), *schwedisch jemna, dänisch jävne, jamm.*

> Es ist nur der altnordische Name dieser Pflanze, aber keine Mythe über sie bekannt.

III 28. Gundelrebe

Die Gundelrebe ist eine Pflanze mit kleinen blauen Blüten.

28. a) Jacob Grimm: Deutsche Mythologie

Hederich ist kein alter name, sondern erst dem lateinischen hedera nachgebildet, nur daß darunter nicht epheu, vielmehr hedera terrestris gemeint wird, Linnés glechoma hederacea, ein unkraut mit kleinen blauen blumen. seine echte benennung lautet gunderebe, gundelrebe, donnerrebe, gundermann, althochdeutsch gunderreba acer, was nicht ahorn sein kann, auch steht gundereba immer unter den kräutern.

Sie galt für heilkräftig und gegen zauber schützend, beim ersten austrieb auf die weide werden die kühe durch einen kranz von gundermann gemolken, und wer einen solchen auf dem haupte trägt vermag die hexen zu erkennen. gund führt auf die alte valkyrie, donner auf die blaue farbe des blümchens und auf Donar.

Dazu tritt, daß den Letten der hederich pehrkones heißt nach Pehrkon dem (slawischen Donner-)gott. das böhmische ohnica (von ohen feuer) gilt dem gelben, ganze äcker überziehenden hederich; ruft man den bäuerinnen, die ihn im feld jäten, hederich zu, so schelten sie.

Vermutlich weist die blaue Farbe der Blüten wie beim Veilchen auf den vermuteten blauen Mantel des Tyr hin, dessen Symbolik nach der Absetzung des Tyr um 500 n.Chr. durch Thor und Odin teilweise von dem Donnergott Thor übernommen worden ist.
Beide Gottheiten waren zu ihrer Zeit die wichtigsten Schutzgötter der Germanen.

III 29. Hanf

Hanf wurde früher zur Herstellung von Seilen und Stoffen benutzt, aber auch seine psychoaktive Wirkung ist schon lange bekannt.

Bei den Germanen hieß der Hanf generell „kannap", was mit dem lateinischen „cannabis" verwandt ist. Über germanisch „hanapa" und althochdeutsch „hanaf" wurde daraus das deutsche Wort „Hanf". Der Ursprung dieses Wortes ist die sumerische Bezeichnung „kunibu" für „hanf". Da der Ackerbau aus Mesopotamien stammt, sind auch einige Ackerbau-Begriffe von dort übernommen worden – so leitet sich z.B. das deutsche Wort „Semmel" („Brötchen") von dem sumerischen Wort „semanu" für „feines Weizenmehl" her.

Der weibliche Hanf wurde bei den Germanen „femel-kannap" genannt und der männliche „mask-kannap", was dem lateinischen „cannabis femella" und „cannabis mascula" entspricht.

Der Hanf ist bei den Indogermanen zwar von den Skythen, den Persern und einigen anderen Völkern als im Kult verwendete Droge bekannt, aber in der germanischen Überlieferung ist nichts über ihn zu finden – obwohl seine Wirkung vermutlich bekannt gewesen sein wird.

Es gibt keine Überlieferung über die pschyotropen Wirkungen des Hanfs bei den Germanen.

III 30.   Haselstrauch und Walnußbaum

Der Haselstrauch, seine Nüsse und die aus seinem Holz gefertigten Stäbe und Gerten werden mehrfach erwähnt. Es ist jedoch nur selten ein mythologischer Hintergrund erkennbar.

Der Walnußbaum ist erst durch die Römer nach Mittel- und Westeuropa gebracht worden und hat dabei die Symbolik der Haselnuß übernommen.

III 30. a)   Die Herkunft des Wortes "Hasel"

Die Haselnüsse (germanisch: „hasalaz") sind nach den Hasen (germanisch: „hasan") benannt worden, die gerne diese Nüsse fressen.

III 30. b)   Skaldskaparmal

Da wandelte Loki sie in Nußgestalt, hielt sie in seinen Klauen und flog was er konnte.

Iduns Äpfel, die den Asen ihre ewige Jugend verleihen, werden an dieser Stelle aus der Thiazi-Mythe zwar nicht den Nüssen gleichgesetzt, aber Idun wird immerhin von Loki in eine Nuß verwandelt, was vermuten läßt, daß es zwischen Idun und ihren Nüssen denselben Zusammenhang gegeben haben könnte wie zwischen Idun und ihren Äpfeln. Dann würden Iduns Nüsse genauso wie ihre Äpfel den Göttern (und den Toten) die ewige Jugend geben.

III 30. c)   Die Saga über Bosi und Herraud

In dieser Saga wendet Bosi dieselbe List an wie Loki, der Idun aus Asgard fortgelockt hat, indem er sagte, daß er ihr einen besonderen Apfelbaum zeigen wollte. Offenbar war die Symbolik der Äpfel und der Nüsse so ähnlich, daß man auch einen Nußbaum an die Stelle des Apfelbaumes setzen konnte.

Bosi nahm drei Walnüsse aus seinem Geldbeutel. Sie sahen aus, als ob sie aus Gold gefertigt worden wären. Er gab sie ihr und sagte ihr, daß sie der Königstochter sagen solle, daß sie ein Wäldchen kenne, in denen viele solcher Nüsse wuchsen.

Sie sagte, daß die Königstochter nicht ganz ungeschützt sein würde, da ihr ein Eunuch überallhin folgen würde, „der Skalk genannt wird und der die Stärke von zwölf Männern hat, wenn es sein muß."

Bosi sagte, daß ihn das nicht kümmere, solange es nicht mehr Männer seien.

Früh am Morgen ging sie fort, um die Königstochter zu finden und ihr die goldenen Nüsse zu zeigen und ihr zu sagen, daß sie wüßte, wo man sie finden könne.

Die Königstochter erkennt diese List nicht und wird von Bosi entführt – so wie Loki Idun entführt hat.

III 30. d)   Walnuß

Die Walnuß hieß auf altnordisch „val-knot" und auf germanisch „walh-hnutu". Dieser Name bedeutet zwar wörtlich „erwählte Nuß", d.h. „erlesene Nuß", aber dieser Name könnte für die Germanen aufgrund der Prägung des Wortes „wal" durch die Walküren, durch Walhalla und Walaskialf und ähnliche mit dem Tod zusammenhängende Worte die Bedeutung „Toten-Nuß" erlangt haben.

Diese Bedeutungsverschiebung würde natürlich sehr gut zu den vermuteten „Nüssen der Idun" passen, die den Toten im Jenseits ihre ewige Jugend, d.h. ihre Wiedergeburt geben. Es sind einige germanische Gräber bekannt, in denen man Nüsse gefunden hat. Sie könnten solche „Idun-Nüsse" sein.

III 30. e)   Lied des Skalden Hallvadr

Die Bezeichnung des Weltenbaumes als „Haselstrauch der Erde", die sich in einem von Snorri Sturluson in der Skaldskaparmal zitierten Lied findet, paßt gut zu den vermuteten „Nüssen der Idun", denn wo anders als an dem Weltenbaum sollten die Äpfel bzw. Nüsse wachsen, die die ewige Jugend verleihen?

Die Strophe, in der diese Kenning benutzt wurde, stammt aus einem Loblied auf einen Dänen-König und lautet:

„Kein Erhabener lebt
unter dem Hasel der Jörd
als Ihr, Stütze der Mönche,
der die Dänen beschützt!"

Die Formulierung *„unter dem Hasel der Jörd"* zeigt deutlich, daß Halvadr bei dem *„Hasel der Jörd"* an den riesigen Weltenbaum gedacht hat.

Es wäre denkbar, daß in dieser Kenning die Erdgöttin Jörd mit Idun identisch ist: Iduns Nüsse wachsen an Jörds Haselstrauch ...

III 30. f)　Kenningar

Das Herz wurde aufgrund seiner Form manchmal einer Nuß oder auch einem Apfel verglichen. Auch Steine konnten als „Nüsse" umschrieben werden.

Die „Siegnuß" ist sicherlich eine Umschreibung für „Siegstein" (siehe „Siegstein" in Band 67).

Yggdrasil	*Haselstrauch der Jörd*		Hallvadr	(Skaldskaparmal)
Steine	*Stein-Nüsse der Ebene der Stein-Halle*	Stein-Halle = Höhle; Höhlen-Ebene = Höhlenboden	Eilifir Godrunason	Thorsdrapa
Herz	*Nuß der Brust*		Snorri Sturluson	Skaldskaparmal
Herz	*Nuß der Gefühle*		Snorri Sturluson	Skaldskaparmal
Schwert	*Sieg-Nuß*		Snorri Sturluson	Thulur

III 30. g)　Cormac-Saga

Haselstäbe wurden auch benutzt, um den Platz für einen Zweikampf abzustecken.

Es war das Gesetz des Holmgangs, daß das Fell fünf Ellen (ca. 2,40m) *lang sein und an seinen Ecken Bögen haben sollte.*

In diese Bögen sollten bestimmte Stäbe mit Köpfen („Nägel") *geschlagen werden, die „tjosnur"* („Pflock") *genannt wurden. Derjenige, der sich darum kümmerte, sollte solcherart zu den Pflöcken gehen, daß er den Himmel zwischen seinen Beinen sehen konnte und daß er seine Ohrläppchen hielt und dabei die ersten Worte des Rituals, daß man „tjasnablot"* („Opfer für die Tjasna") *nannte.*

Rings um das Fell sollten drei Quadrate gekennzeichnet werden – jeder einen Fuß breit (30cm). *An den äußeren Ecken der Quadrate sollten vier Stäbe sein, die „Hasel" genannt wurden. Wenn dies geschehen war, war es ein „gehaseltes Feld".*

III 30. h) Die Saga über Hervor und König Heidrek den Weisen

Dieselbe „Hasel-Regel" galt zumindestens im Idealfall in älterer Zeit auch beim Kampf zwischen zwei Heeren.

Es war König Heidreks Gesetz, daß dann, wenn ein Heer in das Land eingefallen war, der König ein Gebiet mit Haselzweigen markierte und auf diese Weise das Schlachtfeld festlegte. Danach sollte das Eroberer-Heer nicht rauben und plündern, bis die Schlacht entschieden war.

III 30. i) Egil-Saga

In dieser Saga findet sich die Redewendung *„jemandem ein Feld haseln"* für die Herausforderung zum Kampf.

III 30. j) Bruchstücke über einige frühe Könige in Dänemark und Schweden

Da sandte er einen Mann, der Herleif genannt wurde, zusammen mit einem Trupp von Sachsen zu König Hring. Sie sollten das Schlachtfeld mit Haselzweigen markieren und König Hring herausfordern, sie dort zu treffen und jeden Frieden und jede Abmachung als null und nichtig erklären.

III 30. k) Der Rosengarten

In diesem in epischer Länge beschriebenen althochdeutschen Turnier-Lied sind an die Stelle der Haselzweige Rosen getreten:

Mit Rosen einen Anger / hege die schöne Maid,
Von einer Meilen Länge, / eine halbe wär er breit.
Um den geh statt der Mauer / ein Seidenfaden fein:
Sie trotze allen Fürsten, / es komm ihr keiner hinein.

III 30. l) Egil-Saga

Man benutzte Haselzweige auch zum Markieren bestimmter Bereich beim Thing:

Als nun das Treffen begann, an dem die Streitigkeiten zwischen den Männern verhandelt und entschieden werden sollten, gingen beide Parteien zu dem Platz, an dem die Verhandlung stattfinden sollte, um dort ihre Beweise vorzubringen. Dort redete Onund mit vielen großen Worten.

Dort, wo die Versammlung saß, war ein ebener Platz, der von einem Ring aus Haselstäben umgeben war und außerhalb von ihnen waren gezwirnte Seile ringsherum. Dies wurde „der Bezirk" genannt.

Innerhalb des Ringes saßen zwölf Richter der Firth-Leute, zwölf der Sogn-Leute und zwölf der Horda-Leute. Diese drei Dutzend entschieden gemeinsam über alle Streitfälle.

Man kann sich natürlich fragen, warum man gerade Haselzweige zum Markieren von Bereichen benutzte. Haselzweige waren zunächst einmal recht praktisch: Sie wuchsen fast überall, sie hatten eine praktische Größe, sie ließen sich leicht schneiden und sie wuchsen in einer Höhe, in der sie leicht erreichbar waren – im Gegensatz z.B. zu Eschen- oder Pappel-Ästen.

Trotzdem wird man nicht ausschließen können, daß die Wahl auch aus mythologischen Gründen auf den Hasel fiel. Und der Hasel wird sicherlich durch seine Benutzung auch eine feste Assoziation zum Zweikampf und zum Thing erhalten haben. Zusammen mit der Weltenbaum-Kenning „Haselstrauch der Erde" ergibt sich das Bild, daß der Haselstrauch bzw. seine Äste die Welt der Menschen genauso ordnete wie der Weltenbaum und seine Wurzeln die Reiche der verschiedenen Wesen in der Welt unterteilten.

Das Urbild für den Zweikampfplatz ist die Insel Walaskialf, auf der der Sommergott Tyr-Heimall und der Wintergott Loki miteinander kämpfen. Es wäre durchaus naheliegend, auch diesen Kampf mit dem Weltenbaum, also mit dem Hasel zu assoziieren.

III 30. m) Egil-Saga

Auch bei der vollständigen Nid-Zeremonie wurde ein Haselstab benutzt. Auch hier läßt sich kaum entscheiden, ob Haselstäbe einfach praktisch und leicht verfügbar waren, oder ob sie eine mythologisch-magisch Bedeutung hatten.

Und als sie zum Segeln bereit waren, ging Egil hinauf auf die Insel. Er nahm einen Haselstock in seine Hand und ging auf einen felsigen Hügel, der landeinwärts blickte. Dann nahm er einen Pferdekopf und befestigte ihn auf dem Stab. Danach sprach er in der feierlichen Form des Fluches die Worte:

„Hier errichte ich einen Fluch-Stab und diesen Fluch richte ich gegen König Erik und Königin Gunnhilda."

Nun richtete er den Pferdeschädel landeinwärts.

„Diesen Fluch richte ich auch gegen die Schutzgeister, die in diesem Land wohnen, damit sie fortgehen und kein Heim finden und erreichen, bis sie das Land des Königs Erik und der Gunnhilda verlassen haben."

Nachdem er dies gesprochen hatte, steckte er den Stab in einen Spalt in den Felsen und ließ ihn dort stehen. Der Pferdekopf blickte landeinwärts.

Auf den Stab jedoch ritzte er Runen, die den gesamten Fluch wiedergaben.

Der Nid ist ein Todesfluch: So wie für einen vornehmen Toten bei dessen Bestattung ein Hengst geopfert wurde, so wurde auch für den Verfluchten ein Pferd geopfert, damit dieser dann starb – das Pferdeopfer und die Reise eines Toten ins Jenseits waren fest miteinander verbunden.

III 30. n)   Sagen der Gebrüder Grimm: Die Nußkerne

In dieser Saga zeigt ein Geist (auch wenn er nicht als solcher bezeichnet wird) einem jungen Mann mithilfe von Nüssen einen verborgenen Schatz.

Es wäre denkbar, daß sich dieses Motiv aus einer Assoziation zwischen Haselnüssen und Grabschätzen entwickelt hat. Dies läßt sich zwar aus dieser Sage heraus nicht nachweisen, aber es würde gut zu der Hasel-Symbolik der Idun passen.

Zwei junge Burschen, der Peter und der Knipping aus Wehren im Korveischen, wollten Vogelnester suchen, der Peter aber, weil er erstaunend faul war, nachdem er ein wenig umgeschaut, legte sich unter einen Baum und schlief ein. Auf einmal war's ihm, als packte ihn einer an den Ohren, so daß er aufwachte und herumsah, aber niemand erblickte. Also legte er den Kopf wieder und schlief aufs neue ein. Da kam's zum zweitenmal und packte ihn an den Ohren, als er aber niemand gewahr werden konnte, schlief er zum drittenmal ein. Aber zum drittenmal ward er wieder gezupft, da war er das Ding müde, stand auf und wollte sich einen andern Ort suchen, wo er in Ruhe liegen könnte.

Auf einmal aber sah er vor sich das Fräulein von Willberg gehen, das knackte Nüsse entzwei und steckte die Schalen in die Tasche und warf die Kerne auf die Erde.

Als die Nüsse zu Ende gingen, war sie verschwunden. Der Peter aber war immer hinter ihr hergegangen, hatte die Nüsse aufgelesen und gegessen.

Darauf kehrte er um, suchte den Knipping und erzählte ihm alles, was er gesehen hatte. Da gingen sie nach Haus, holten noch andere zur Hilfe und fingen an, da, wo das Fräulein verschwunden war, zu graben, und kamen da auf eine alte Küche, darin noch altes Kochgerät stand, endlich in einen Keller mit Tonnen voll Geld. Sie nahmen so viel, als sie tragen konnten, und wollten den andern Tag wiederkommen, aber alles war fort, und sie konnten die Stätte gar nicht wiederfinden, sie mochten suchen, wo sie wollten.

Der Peter baute sich von seinem Geld ein Haus, darin er noch lebt.

III 30. o)   Hrok-Lied

In der Einleitung zum Hrok-Lied wird gesagt, daß die Frauen gemeinsam Haselnüsse sammeln gegangen waren – Haselnüsse waren anscheinend eine beliebte Ergänzung zu der sonstigen Nahrung.

Als Hrok, Hamunds Sohn, unerkannt und ungeehrt bei König Haki lebte, bewarb sich um dessen Tochter Brünhild ein König namens Swein. Er wurde abgewiesen und drohte mit feindlichem Überfall.

Da versprach König Haki seine Tochter dem Wifil, Sohne des Jarls Hedin, wenn er das Land vor Swein schütze.

Eines Tages, als die Frauen des Hofes in die Haselnüsse gegangen waren, sah die Königstochter Brünhild einen stattlichen Mann an einen Baum gelehnt stehn; es war Hrok der Schwarze.

III 30. p)   Die Saga über Half und seine Berserker

Auch in dieser Saga gehen die Frauen Haselnüsse sammeln:

Eines gingen alle Männer in den Wald und die Frauen in die Haselsträucher, um Nüsse zu sammeln.

III 30. q) Die Saga über Half und seine Berserker

In dieser Saga gehen die Frauen noch ein zweites mal Nüsse sammeln:

Eines Tages gingen die Männer in den Wald Hirsche jagen und die Frauen gingen Nüsse sammeln.

III 30. r) Das andere Lied über Helgi Hunding-Töter

Haselzweige dienten auch als Gerten beim Viehhüten:

Sinfiötli:
„Eher magst Du, Gudmund, Geißen hüten
Und durch Spalten schlüpfen auf schroffen Bergen,
Als Hirt die Haselgert in der Hand:
Schwertentscheidung geziemt Dir schlecht."

III 30. s) Brauchtum

In Südwestdeutschland, England und Rom wurde der Braut ein Korb mit Haselnüssen überreicht, da diese Fruchtbarkeit symbolisierten. Der Hasel wird sehr häufig mit der Sexualität und mit dem Fremdgehen assoziiert.

In Deutschland wurde im Mittelalter die Gerichtstätte mit Haselzweigen abgesteckt. Dies geht sicher auf den germanischen Brauch zurück, den Thing-Platz mit Haselzweigen zu markieren.

Im Lex Ripuaria (Frankenreich, ca. 730 n.Chr.) wurde der Haselzauber verboten. Dieser umfaßte die Verwendung des Hasels in Liebeszaubern, zur Förderung der Fruchtbarkeit, gegen Blitzschlag, Erdstrahlen, als Wünschelruten, und gegen Hexen.

Der Hasel wurde mit einer Göttin assoziiert, wie ihr Name „Frau Hasel" und auch das Märchen von Aschenputtel zeigt, in dem der Hasel das „Tor" zu Aschenputtels Mutter ist.

III 30. t) Der Hasel bei den Kelten

Die Geschichte des irischen Königs Cormac mac Art

Cormac sieht auf einer Jenseitsreise die Quelle des Göttervaters Dagda, an der Haselsträucher wachsen:

Dann sah Cormac eine weitere königliche Festung und eine weitere Mauer aus Bronze um sie herum. In dieser Festung waren vier Paläste. Er betrat die Festung und sah den geräumigen Palast mit seinen Säulen aus Bronze, seinem Flechtwerk aus Silber und seinen Schindeln, die die Flügel von weißen Vögeln waren.
Dann sah er innerhalb der Mauern einen strahlenden Brunnen, aus dem heraus sich fünf Ströme ergossen und aus dem die Hausherren nacheinander Wasser tranken.
Neun Buan-Haselsträucher wuchsen rings um die Quelle. Die purpurnen Haselsträucher ließen ihre Nüsse in die Quelle fallen und die fünf Lachse, die in der Quelle waren, knackten sie und ließen die Schalen die Ströme hinabtreiben. Der Klang des fallenden und fließenden Wassers dieser Ströme war melodischer als alle Lieder, die die Menschen singen.

Die Quelle mit den Sträuchern und den Lachsen ist aus der keltischen Mythologie gut bekannt. Diese Quelle ist vermutlich auch der wassergefüllte Einweihungsschacht der Druiden.
„Buan" bedeutet „das Gute" und entspricht wohl der Fhirinne („Richtigkeit"), die man durch die Nüsse an den Haselsträuchern und indirekt auch durch das Wasser der Quelle und schließlich auch durch die Lachse, die diese Nüsse gefressen haben, erlangen kann.
Das Erlangen der Weisheit durch das Verspeisen des Lachses des Dagda ist ein beliebtes keltisches Motiv.

Callirus

Der Name des keltischen Gottes „Callirus" bedeutet „Hasel, Wald". Er wurde dem keltischen Schamenen-Gott Cernunnos und dem römischen Waldgott Silvanus gleichgesetzt.

III 30. u) Der Hasel bei den Römern

In Rom wurde ein Haselzweig als Friedenssymbol benutzt.

III 30. v) Der Hasel in der Jungsteinzeit

Die Symbolik der Haselnuß findet sich bei den Kelten, Römern und Germanen. Das von ihnen bewohnte Gebiet ist in der mittleren Jungsteinzeit (7000-5000 v.Chr.) das Verbreitungsgebiet der Haselnuß gewesen. Daher könnten diese drei indogermanischen Völker die Symbolik der Haselnuß von den nicht-indogermanischen Völkern übernommen haben, die vor ihnen in Westeuropa gelebt haben, also von den Erbauern der Megalithanlagen (ca. 5000-1500 v.Chr.).

Während der letzten Eiszeit, die um 10.000 v.Chr. endete, gab es die Haselnuß nur in Südwesteuropa, vor allem im Norden von Portugal.

In der Zeit von 7000-6000 v.Chr. war der Hasel das dominierendes Gehölz in Mitteleuropa. Anschließend wurde der Hasel vom Eichenmischwald abgelöst. Für die Jäger (seit der Eiszeit) und die frühen Bauern (ab 7000 v.Chr.) in Europa wird die Haselnuß ein wichtiges Nahrungsmittel gewesen sein.

Ab 5000 v.Chr. verbreitete sich der Hasel bis nach Schweden und erst ab 2000 v.Chr. auch bis an die obere Wolga.

Das Verbreitungsgebiet des Hasels ist heute Europa, Anatolien und der Kaukasus.

Die ursprünglichen Indogermanen, die von 7000 v.Chr. bis 2800 v.Chr. in der südrussischen Steppe nördlichen des Schwarzen Meeres und des Kaspischen Meeres gelebt haben, werden also keine Haselnüsse gekannt haben, weshalb sie auch keine Hasel-Mythen gehabt haben können. Die Hasel-Mythen treten bei den Indogermanen nur bei den drei Völkern auf, die in den Bereich eingewandert sind, in dem es einst ausgedehnte Haselwälder und daher vermutlich auch schon Haselnuß-Mythen gegeben hat.

III 30. w) Der Hasel in der Altsteinzeit

Ob der Hasel bereits in der Altsteinzeit eine Bedeutung gehabt hat, ist ungewiß – falls ja, müßte sich dies auf Südwesteuropa beschränkt haben, da der Hasel nur dort wuchs.

Die Nüsse waren möglicherweise wie die Äpfel ein Symbol der ewigen Jugend der Götter – was eine Weiterentwicklung der Wiedergeburts-Symbolik ist.

Iduns Nüsse werden nur an einer einzigen Stelle erwähnt, aber es sind Bestattungen bekannt, in denen den Toten Äpfel und Nüsse, also die beiden Früchte der Idun, mitgegeben worden sind.

Haselstäbe wurden auch benutzt, um beim Zweikampf, beim Thing u.ä. bestimmte Bereich zu markieren.

In einer Kenning wird der Weltenbaum „Haselstrauch der Jörd" genannt. Es hat den Anschein, als ob Jörd und Idun identisch gewesen wären: Iduns Nüsse wachsen an Jörds Haselstrauch.

Aufgrund dieser Verwendung und Symbolik der Haselnüsse und der Haselzweige wäre es denkbar, daß der Haselstrauch einst einmal der Weltenbaum gewesen ist, der das Leben der Menschen im Diesseits geordnet hat und der den Menschen im Jenseits die ewige Jugend, d.h. die Wiederzeugung und die Wiedergeburt gegeben hat.

Diese Haselsymbolik stammt recht sicher von den Erbauern der Megalithanlagen in West- und Mitteleuropa. Die Römer, Kelten und Germanen haben sie von ihnen übernommen, als sie deren Gebiete besiedelt haben.

III 31. Heilziest

Diese Pflanze wird nur in dem altenglischen Neunkräuter-Zauberspruch beschrieben, der um ca. 900 n.Chr. niedergeschrieben worden ist.

Vertreibe Du nun, Heilziest, Du kleineres Kraut das größere Gift,
Du größeres Kraut das kleinere Gift, bis er von beiden genest.

Um ca. 900 n.Chr. wurde der Heilziest Nessel als ein Mittel gegen Gift angesehen. Ob auch andere Germanenstämme als die Angeln und die Sachsen diese Vorstellung hatten, ist unbekannt.

III 32. Holunder

Über die konkrete medizinische Anwendung des Holunders ist vieles bekannt, aber nur wenig über die Mythen dieses Baumes.

Der Name der Göttin Huldar, die später zu „Frau Holle" wurde, bedeutet entweder „Schleierträgerin" d.h. „Frau" oder „Verborgene", vermutlich im Sinne von „Jenseitsgöttin". Der Name leitet sich nicht von „Holde" d.h. „Wohlgesonnene", ab.

Möglicherweise ist der Holunder als „Baum der Huldar" benannt worden – aber das ist unsicher.

III 32. a) Jacob Grimm: Deutsche Mythologie

Holder (Holunder) *über sich oder unter sich geschelt und eingenommen wirkt erbrechen oder laxieren.*

III 32. b) Wappen

Holunder-Wappen

Holderbank *Rützkausen* *Baumholder*

Möglicherweise ist der Name der Göttin Huldar, aus der später „Frau Holle" wurde, mit dem des Holunders verwandt (siehe „Huldar" in Band 28). Der Holunder könnte dann der Baum dieser Göttin gewesen sein.

III 33. Honigtau

III 33. a) Gylfis Vision

Auch wird erzählt, daß die Nornen, welche an Urds Brunnen wohnen, täglich Wasser aus dem Brunnen nehmen und es zugleich mit dem Dünger, der um den Brunnen liegt, auf die Esche sprengen, damit ihre Zweige nicht dorren oder faulen. Dieses Wasser ist so heilig, daß alles, was in den Brunnen kommt, so weiß wird wie die Haut, die inwendig in der Eierschale liegt. So heißt es:

Begossen wird die Esche, die Yggdrasil heißt,
Der geweihte Baum, mit weißem Nebel.
Davon kommt der Tau, der in die Täler fällt.
Immergrün steht er über Urds Brunnen.

Den Tau, der von ihr auf die Erde fällt, nennt man Honigtau: davon ernähren sich die Bienen. Auch nähren sich zwei Vögel in Urds Brunnen, die heißen Schwäne und von ihnen kommt das Vogelgeschlecht.

Der „Honigtau" ist der Nektar in den Blüten, der von den Bienen gesammelt wird. Da der Göttermet aus Honig hergestellt wurde, war dieser Honigtau sozusagen die Wurzel-Substanz des Göttermets. Dieser Göttermet hat nur deshalb seine Wirkung, weil er letzten Endes aus dem Wasser der Nornen stammt.
Der Göttermet entsteht durch die folgenden vier Schritte:

Brunnen der Nornen => Gießwasser für den Weltenbaum (durch die Nornen)
Gießwasser für den Weltenbaum => Nebel
Nebel => Honigtau in den Blüten
Honigtau in den Blüten => Honig (durch die Bienen)
Honig => Met (durch die Menschen oder die Götter und Zwerge)

Der Honigtau (Nektar) in den Blüten entsteht durch den Nebel der sich bildet, wenn die Nornen den Weltenbaum mit dem Wasser aus ihrem Brunnen gießen. Die magische Kraft des Göttermets stammt somit über den Honig, den die Bienen sammeln, letztlich aus dem Brunnen der Nornen, die über das Leben und den Tod bestimmen.

III 34. Johanniskraut

Das Johanniskraut ist eine Schutzpflanze gewesen.

III 34. a) Jacob Grimm: Deutsche Mythologie

Neben doste pflegt auch hartheu (hypericum = Johanniskraut), das einige harthun nennen, die geister zu scheuchen:

›doste, harthau, weiße heid thun dem teufel alles leid‹.

(Dost und Hartau, weiße Heide, tun dem Teufel viel zuleide.)

Hypericum perforatum, fuga daemonum, teufelsflucht.

> Die schützende Funktion des Johanniskrauts geht vermutlich auf sein Blühen zur Zeit der Sommersonnenwende zurück. Sein Name „Johanniskraut" könnte daher auf einen älteren Namen zurückgehen, der sich auf die Sonne bezogen hat, die zur Zeit der Sommersonnenwende am stärksten ist (längster Tag).
> Zu dieser Symbolik des Johanniskrauts paßt auch seine antidepressive Wirkung.

III 35. Kamille

III 35. a) Neunkräuter-Zauberspruch

Diese Pflanze wird nur in dem altenglischen Neunkräuter-Zauberspruch beschrieben, der um ca. 900 n.Chr. niedergeschrieben worden ist.

Erinnere Dich, Kamille, was Du verkündet hast,
was Du entgegnet hast bei der Erschaffung;
daß niemals jemand durch etwas Herangeflogenes das Leben verliere,
nachdem man ihm Kamille zur Speise bereitet habe.

Herangeflogenes = Infektion

III 35. a)   Gylfis Vision

Die geruchlose Kamille wurde „*Baldurbraue*" genannt:

Ein Kraut ist so licht, daß es mit Baldurs Augenbrauen verglichen wird, es ist das lichteste aller Kräuter: Davon magst Du auf die Schönheit seines Haars sowohl als seines Leibes schließen.

Um ca. 900 n.Chr. wurde die Kamille als Schutz vor dem Tod durch Krankheit angesehen. Ob auch andere Germanenstämme als die Angeln und die Sachsen diese Vorstellung hatten, ist unbekannt.
Diese Blume wurde als die Augenbraue des Baldur angesehen, was sicherlich dessen „edlen Lichtcharakter" betonen sollte.

III 36.   Kerbel

III 36. a)   Neunkräuter-Zauberspruch

Diese Pflanze wird nur in dem altenglischen Neunkräuter-Zauberspruch beschrieben, der um ca. 900 n.Chr. niedergeschrieben worden ist.

Kerbel und Fenchel, zwei sehr mächtige,
diese Kräuter schuf der weise Herr,
der Heilige im Himmel, als er hing (d.h. Christus oder Odin)*;*
setze und sandte sie in 7 Welten
den Armen und Reichen, allen zur Hilfe.

Um ca. 900 n.Chr. wurde der Beifuß als Heilpflanze aufgefaßt, die mit Odin/Christus und dem Weltenbaum/Kreuz assoziiert wurde. Ob auch andere Germanenstämme als die Angeln und die Sachsen diese Vorstellung hatten, ist unbekannt.

III 37. Klee

Im germanischen Bereich ist nur das vierblättrige Kleeblatt von Bedeutung.

III 37. a) Jacob Grimm: Deutsche Mythologie

Klee, trifolium, englisch clover, dänisch klever. nübblättlets klee. bedeutsam ist zumal vierblättriger. klewer veer. klee fünfblatt. kleeblatt und wein senden. der klee heißt bair. himmelkraut. schön blüets himelkraut. vergleiche himelblüe regenbogen, himelbrand. hergottsbrot, kleeblütenhaupt. vergleiche brosamkraut. gotisampher alleluja. isländisch smâri trifolium album. jütländisch smäre. altnordisch greisugras trifolium fibrinum, gegen kolik und mutterweh. schwedisch väpling. aberglaube vom fyrväpling, femväpling. gallisch visumarus. irisch shamrock, bei Obrien seamrog. welsch meillionen, armorikanisch melchen, melchon. klee wird beim persischen opfer gebraucht (Herodot).

Der Ursprung des vierblättrigen „Glücksklees" ist unbekannt. Es wäre jedoch denkbar, daß die vier Kleeblätter, die insgesamt ungefähr einen Kreis bilden, dem indogermanischen Sonnensymbol verglichen worden sind, das aus einem Kreis und einem Kreuz in ihm besteht.

III 38.   Korn (Getreide)

Das Getreide war bei den Nordgermanen kein allzuwichtiges Nahrungsmittel. Daher finden sich Korn-Bräuche u.ä. vor allem bei den Südgermanen.

- A   allgemeine Getreide-Bräuche -

III 38. a)   Indiculus superstitionum et paganiarum

In der um 780 n.Chr. verfaßten Übersicht über den Aberglauben bei den Sachsen finden sich einige Hinweise auf magisch-religiöse Getreide-Bräuche. Leider sind von diesem Buch nur die Überschriften erhalten geblieben.
Die betreffenden drei Überschriften lauten:

De sulcis circa villas
    (Über Ackerfurchen rund um Gehöfte)
De simulacro de consparsa farina
    (Über ein Opfer mit verstreutem Getreide)
De simulacro quod per campos portant
    (Über Opfer, bei denen sie etwas über die Felder tragen)

Das einzige, was sich aus diesen drei Überschriften mit Sicherheit schließen läßt, ist, daß es ein magisch-religiöses Brauchtum gegeben hat, das die Fruchtbarkeit der Felder steigern sollte.
Man kann mit Sicherheit davon ausgehen, daß es in den magisch-religiösen Weltbildern der Völker, die zu einem relevanten Teil von Ackerbau leben, Ackerbau-Mythen und entsprechende Fruchtbarkeits-Rituale gegeben hat.

III 38. b)   Skaldskaparmal

Es gab einen „Getreidereife-Monat" und einen „Ernte-Monat", was zeigt, daß der Getreideanbau von Bedeutung gewesen ist.

Der Monat, der als letzter vor dem Winter kommt, wird Ernte-Monat genannt. Der erste Monat im Winter ist der Monat des Vieh-Schlachtens. Dann folgt der Frost-Monat, dann der Regen-Monat, dann der Thorri, dann der Goi, dann der Einzel-Monat, dann der Kuckucks-Monat oder Saatzeit, dann die Eier-Zeit oder Lämmer-geburts-Zeit, dann kommt der Sonnen-Monat oder Weide-Monat, dann der Heu-Monat und der Getreidereife-Monat.

Die Monats-Namen			
Dauer	Tierkreiszeichen	Name	deutscher Name
ca. 21. 8 – 21. 9	Waage	Ernte-Monat	August/September
ca. 21. 9 – 21.10	Skorpion	Monat des Vieh-Schlachtens	September/Oktober
ca. 21.10 – 21.11	Schütze	Frost-Monat	Oktober/November
ca. 21.11 – 21.12	Steinbock	Regen-Monat	November/Dezember
ca. 21.12 – 21. 1	Wassermann	Monat des Tyr-Eisriesen Thorri	Dezember/Januar
ca. 21. 1 – 21. 2	Fische	Monat der Eisriesin Goi	Januar/Februar
ca. 21. 2 – 21. 3	Widder	Einzel-Monat	Februar/März
ca. 21. 3 – 21. 4	Stier	Kuckucks-Monat, Saat-Zeit	März/April
ca. 21. 4 – 21. 5	Zwillinge	Eier-Zeit, Lämmergeburts-Zeit	April/Mai
ca. 21. 5 – 21. 6	Krebs	Sonnen-Monat, Weide-Monat	Mai/Juni
ca. 21. 6 – 21. 7	Löwe	Heu-Monat	Juni/Juli
ca. 21. 7 – 21. 8	Jungfrau	Getreidereife-Monat	Juli/August

III 38. c) altenglisches Runengedicht

In diesem um ca. 950 n.Chr. verfaßten Runen-Lied gibt es eine Strophe über die Rune „Ger", die sich auf gute Ernten und daher wohl auch auf den Gott Freyr bezieht, der hier „der heilige König des Himmels" genannt wird.

Für einen Fruchtbarkeitsgott ist eine Verbindung zum Himmel, der den Regen bringt, nicht ungewöhnlich. Auch die Vermutung, daß Freyr als „König der Alben" der Urahn in dem südlichen Jenseits-Himmel von Muspelheim ist, paßt gut zu dem Titel „Heiliger König des Himmels", da diese Umschreibung eine leicht christlich eingefärbte Variante des Tyr-Beinamens „König der Alben" sein könnte.

Die Rune Ger:
Das gute Jahr ist eine Freude für die Menschen:
wenn Gott, der heilige König des Himmels,
die Erde strahlende Früchte tragen läßt
sowohl für die Reichen als auch für die Armen.

„Gutes Jahr" ist eine Umschreibung für „(gute) Ernte".

III 38. d) Ortsnamen

Im Landnahme-Buch findet sich der Ortsname „*Kornsa*", der „Korn-Fluß" bedeutet. Möglicherweise eigneten sich die Ufer dieses Flusses besonders gut zum Getreideanbau.

Zusammenfassung

Für die Germanen war eine gute Getreide-Ernte wichtig und sie führten Rituale durch, um die Ernte zu fördern. Die Rune „Ger" war eine Getreide-Rune.

- B   Sif -

III 38. e) Skaldskaparmal

Die germanische Getreidegöttin ist Sif, die Frau des Thor.

Loki, Laufeyjas Sohn, hatte der Sif in hinterlistiger Weise alles Haar abgeschoren. Als Thor das gewahrte, ergriff er Loki und würde ihm alle Knochen zerschlagen haben, wenn er nicht geschworen hätte, von den Schwarzelfen zu erlangen, daß sie der Sif Haare von Gold machten, die wie anderes Haar wachsen sollten.

Darauf fuhr Loki zu den Zwergen, die Iwaldis Söhne heißen. Diese machten das Haar.

Loki ist der Wintergott; Tyr-Iwaldi („Allherrscher") ist der Sommergott. Seine beiden Söhne sind die beiden Alcis.

Das Ernten des Getreides und das Keimen des Getreides entsprechen dem Abschneiden des goldenen Haares der Sif und das Zurückbringen ihrer goldenen Haare von den Zwergen in der Unterwelt. Das Schicksal des Getreides ist hier an den Kampf zwischen dem Sommergott Tyr und dem Wintergott Loki gebunden worden. An die Stelle des Tyr ist in dieser Mythe bereits Thor getreten.

In der Edda finden sich zwar nicht allzu viele Hinweise auf diese Vegetationssymbolik der Göttin Sif, aber sie könnte doch weit verbreitet gewesen zu sein. Vermutlich war Sif mit ihrer Fruchtbarkeitssymbolik eher eine Göttin, an die sich die einfachen Bauern mit ihren Bitten wandten, aber keine Göttin, die in den vornehmen Hallen der Fürsten von den Skalden besungen wurde …

III 38. f) Skaldskaparmal

Hier wird das Getreide ausdrücklich als das Haar der Erdgöttin bezeichnet, was ganz der Auffassung des goldenen Haares der Sif als das reife Getreide entspricht:

Hallfredr sang so:

Der tapfere Schiffs-Besitzer
lockt mit scharfen und wahren Worten
unser Land, die geduldige,
Gersten-gelockte Frau des Thridi.

Schiffs-Besitzer = Fürst
Thridi = Odin; seine Frau ist die Erdgöttin Jörd; deren Locken = Gerste

---

Zusammenfassung

Sifs goldenes Haar ist das reife Getreide. Im Herbst, wenn Loki den Sonnengott-Göttervater Tyr besiegt und die Herrschaft des Wintergottes Loki beginnt, schneidet Loki der Sif ihre Haare ab: die Zeit der Ernte.

Doch nach einer Weile muß Loki auf den Druck der Asen hin Sif neues goldenes Haar von den Zwergen aus der Unterwelt holen – wobei er seine Herrschaft wieder an an Tyr verliert: Es wird wieder Sommer.

Vermutlich konnte Sif jeder Erdgöttin gleichgesetzt und dadurch auch zur „Frau des Odin" werden.

- C Thor -

III 38. g) Hamburgische Kirchengeschichte

Der Bischof Adam von Bremen berichtet in seiner um ca. 1050 n.Chr. verfaßten „Hamburgischen Kirchengeschichte" u.a. auch über den Kult des Thor in Uppsala in der Nähe von Sigtuna:

Jetzt wollen wir von dem Aberglauben der Schweden einiges sagen. Dieses Volk hat einen sehr berühmten Tempel, der Ubsola heißt und nicht weit von der Stadt Sictona liegt.

In diesem Tempel, der ganz mit Gold geschmückt ist, betet das Volk die Bildsäulen dreier Götter an, und zwar so, daß der mächtigste von ihnen, Thor, mitten im Gemache seinen Thron hat; rechts und links sitzen Wodan und Fricco.

Die Deutungen derselben sind folgende: Thor, sagen sie, hat den Vorsitz in der Luft, er lenkt Donner und Blitz, gibt Winde und Regen, heiteres Wetter und Fruchtbarkeit.

Der andere, Wodan, d. h. die Wuth, führt Kriege, und gewährt dem Menschen Tapferkeit gegen seine Feinde.

Der dritte ist Fricco; er spendet den Sterblichen Frieden und Lust. Sein Bild stellen sie auch mit einem ungeheuren männlichen Gliede versehen dar.

Den Wodan aber formen sie gewappnet, wie die unseren den Mars zu bilden pflegen.

Thor aber scheint mit seinem Scepter den Jupiter vorzustellen.

... ...

Wenn Pest und Hungersnoth drohen, wird dem Götzen Thor geopfert, wenn Krieg dem Wodan, wenn eine Hochzeit zu feiern ist, dem Fricco.

	Die drei Götter von Uppsala		
Themen	Gott		
	Thor	Odin	Freyr
Platz im Tempel	Mitte	außen	außen
Zuständigkeit	Luft, Donner, Blitz, Regen, Sonnenschein, Fruchtbarkeit	Krieg Tapferkeit	Frieden, Lust
Merkmal	Szepter (Hammer)	bewaffnet	großer Penis
Hilfe bei:	Pest, Hungersnot	Krieg	Hochzeit

Auch Sifs Ehemann Thor ist ein Gott der Fruchtbarkeit – was in der von der höfischen Dichtung geprägten Überlieferung, in der Thor vor allem als (fast) unbesiegbarer Kämpfer auftritt, ein wenig untergeht …

Zusammenfassung

Thor ist auch ein Gott der Fruchtbarkeit gewesen.

- D Njörd, Freyr und Fjolne -

III 38. h) Heimskringla

In dieser mythologisch-historischen Weltgeschichte des Snorri Sturluson wird am ausführlichsten über die Wanen berichtet. In ihr sind fast alle mythologischen Motive in historische Begebenheiten umgedeutet worden.

In der Heimskringla werden Njörd und seinen Sohn Freyr als Götter der guten Ernten geschildert.

Freyr folgte auf Niörd in dessen Königreich und wurde von allen Schweden Drott genannt und alle zahlten ihm Abgaben.

Freyr ist somit zugleich der Herrscher („drott") als auch der Opferpriester („drott-nar") seines Volkes.

Er hatte wie sein Vater viel Glück mit Freunden und mit guten Ernten. Freyr erbaute einen großen Tempel in Uppsala und machte die Stadt zu seinem Hauptsitz und gab dem Tempel alle seine Abgaben, sein Land und seine Güter.

Freyr wurde zusammen mit Odin und Thor in Uppsala in dem Haupttempel von Skandinavien verehrt.

Dieser Bericht klingt so, als ob der Kult des Freyr der Ursprung und der Kern dieses Tempel gewesen wäre. Möglicherweise hat Thor als Wettergott einen Teil der Fruchtbarkeits-Symbolik des Freyr übernommen.

Damals wurde die Ländereien des Uppsala-Tempels begründet, die seither immer Bestand hatten. Damals begann in seinen Tagen auch der Frodi-Frieden. Und damals gab es in allen Ländern gute Ernten, die die Schweden dem Freyr zuschreiben, sodaß sie ihn mehr als alle anderen Götter verehrten, weil die Menschen in seinen Tagen wegen dem Frieden und den guten Ernten sehr viel reicher wurden.

Freyr wird hier sehr deutlich als ein Gott des Friedens und der guten Ernten beschrieben. Diese Qualitäten stehen in deutlichem Gegensatz zu den kriegerischen Asen, deren Charakter sehr der Lebensweise der Wikinger ähnelt. Die Wanen sind offenbar eher „Bauern-Götter" gewesen.

… … …

Freyr wurde von einer Krankheit befallen und als die Krankheit die Oberhand gewann, faßten seine Männer den Plan, nur wenige zu ihm zu lassen.
In der Zwischenzeit errichteten sie ein großes Hügelgrab, in das sie eine Tür einfügten, die drei Löcher hatte. Als Freyr gestorben war, brachten sie ihn heimlich in dieses Hügelgrab, aber erzählten den Schweden, daß er noch lebe, und hielten drei Jahre lang Wache über ihm.
Sie brachten alle Abgaben zu ihm und warfen durch das eine Loch das Gold, durch das andere das Silber und durch das dritte die Kupfermünzen, die entrichtet wurden. So dauerten der Frieden und die guten Ernten fort.

zwei „Türflügel" großes Goldhorn von Gallehus, 400 n.Chr.

Die drei Löcher erinnern an die drei Nornen und an die generelle Assoziation der „3" und der „9" mit der Unterwelt. Auf dem Goldhorn von Gallehus gibt es die Darstellung einer Tür mit drei Punkten, die vermutlich das Tor zur Unterwelt darstellt und wohl mit diesem Tor zu dem Hügelgrab des Freyr identisch ist.

… … …

Als die Schweden erfuhren, daß Freyr tot war und trotzdem der Frieden erhalten blieb und es weiterhin gute Ernten gab, glaubten sie, daß dies solange so bleiben würde, wie Freyr in Schweden blieb. Daher verbrannten sie seine Überreste nicht, sondern nannten ihn den Gott dieser Welt und brachten ihm ab da blutige Opfer dar – vor allem für Frieden und gute Ernten.

Der Titel „Gott dieser Welt" zeigt deutlich, daß er Freyr einst eine sehr angesehene Stellung gehabt haben muß – was gut zu einem Urahn und zu einem „König der Alben" paßt.

… … …

Fjolne, Yngvi-Freyrs Sohn, herrschte danach über die Schweden und die zu Uppsala gehörenden Ländereien. Er war mächtig und hatte gute Ernten und bewahrte den Frieden.

Auch Freyrs Sohn Fjolne bewirkte gute Ernten in Schweden.

III 38. i) Skaldskaparmal

Die guten Ernten und der Wohlstand waren so charakteristisch für den Gott Freyr, daß man diese Eigenschaften sogar in den Kenningar, die man für seinen Namen benutzte, verwenden konnte:

Wie soll man Freyr umschreiben? So: Indem man ihn Sohn des Niörd nennt, ...
... und Gott der fruchtbaren Jahreszeit und Gott der Wohlstand-Geschenke.

III 38. j) Gisli-Saga

In der Saga über Gisli findet sich sowohl die Beschreibung eines Opferrituals als auch einige Hinweise zu dem Verhältnis der Menschen zu dem Gott Freyr.

Thorgrimm wollte in der ersten Winternacht ein Erntefest veranstalten und dem Freyr opfern.

III 38. k) Norwegisches Runen-Lied

In diesem Runen-Lied ist wieder die gute Ernte das Thema. Die Algiz-Rune wird hier offensichtlich als Jera-Rune, die auch Ar-Rune hieß, aufgefaßt.
Frodi ist ursprünglich der Gott Freyr gewesen, den man für eine gute Ernte um Hilfe bat.

Fülle ist ein Geschenk für die Menschen;
ich sage: Frodi war großzügig.

III 38. l) Die Saga über König Olaf den Ruhmreichen Tryggvason

Als die Messe geendet hatte, erhob sich König Olaf und wandte sich an seine Gäste. Er sprach: „Ihr erinnert euch sicherlich, daß ich einerseits, als wir uns beim letzten mal in Frosta zum Thing versammelt hatten, die Bauern aufgefordert habe, sich taufen zu lassen, und daß sie andererseits mich aufgefordert haben, an ihrem Kult teilzunehmen und Blutopfer darzubringen – so wie dies mein Verwandter König Hakon der Gute getan hat.

Ich habe dem nicht widersprochen, sondern habe versprochen, daß ich bei dem Opferfest in Mere dabeisein werde. Nun will ich euch sagen, daß ich, wenn ich ein Menschenopfer darbringe, daß größte Opfer darbringen werde, daß jemals in Norwegen dargebracht worden ist. Ich werde Odin und Freyr ein Menschenopfer für gute Ernte und gutes Wetter bringen. Aber, hört gut zu!, es werden nicht Sklaven und Übertäter sein, die ich euren Göttern opfern werde! Ich werde die Edelsten unter euch opfern!"

Durch diesen Schachzug überzeugte König Olaf die Bauern, zum Christentum zu wechseln – und sich lieber taufen als töten zu lassen …

Hier erscheinen Odin und Freyr als die beiden Götter, die für gutes Wetter und gute Ernten zuständig waren.

III 38. m) Der Wandteppich von Skog

Das mit verschiedenfarbigen Wollfäden in einfachem Kreuzstich auf weißes Leinen gestickte Bild ist ca. 40cm breit und ca. 180 cm lang.

Teppich von Skog, 1150 n.Chr., Schweden

Die drei Männer auf der linken Seite könnten die drei heiliggesprochenen Könige Olaf von Norwegen, Knud von Dänemark und Erik von Schweden sein. Dann wären die Löwen rechts neben ihnen die Symbole der Stärke dieser Könige, durch die die Kirche beschützt wird.

Diese drei Männer könnten aber durchaus auch eine Verbindung zu der Götterdreiheit sein, die in der germanischen Religion an vielen Stellen vorkommt: Odin, Wili und We; Odin, Hönir und Loki; Odin, Thor und Freyr u.a. Sie repräsentieren die drei Stände. Vermutlich wird für die Stickerinnen dieses Teppichs die Dreiheit Odin, Thor und Freyr am naheliegendsten gewesen sein, da diese in Uppsala verehrt wurden, wie der Bischof Adam von Bremen berichtet.

Diese Götterdreiheit erscheint auch in der Völsi-Saga als der heilige König Olaf und seine beiden Begleiter. Sie sitzen dort zunächst still im Dunkeln – wie Götterstatuen in einem Tempel …

Auf dem Wandteppich hat die Gestalt auf der linken Seite nur ein Auge – ihr linkes Auge fehlt. Sie könnte daher Odin sein. Dazu würde auch der (Welten-)Baum links neben der Gestalt passen (siehe die Abbildung auf der nächsten Seite). Da die silberne Axt das Zeichen des St. Olaf ist, weil er angeblich mit einer Axt getötet worden ist, ist die Gestalt auf der linken Seite somit der als St. Olaf „getarnte" Odin.

Die mittlere Gestalt könnte St. Knud sein, der in einer Kirche erschlagen wurde und möglicherweise aus diesem Grund meistens ein Kruzifix in seiner Hand hält. Dem Bericht des Adam von Bremen zufolge war die mittlere der drei Statuen im Tempel von Uppsala die des Gottes Thor. Das Kruzifix des St. Knud könnte somit auch der Hammer des Thor sein.

Es bliebe somit für die rechte Gestalt St. Erik bzw. der Gott Freyr. St. Erik hat kein besonderes Attribut, an dem man ihn erkennen könnte, aber über ihn wird berichtet, daß nach seinem Tod neben seiner Leiche eine Quelle entsprang, die sich heute neben dem neuen Dom von Uppsala befindet. Der Verdacht liegt nahe, daß es sich bei dieser Quelle um die heilige Quelle neben dem Tempel von Uppsala handelt. St. Erik hält in für ihn ganz untypischer Weise in seiner rechten Hand eine Kornähre – es ist allerdings nicht ganz sicher, ob es sich bei dem länglichen Gegenstand wirklich um einen Halm mit Ähre handelt. Eine solche Ähre würde gut zu dem Fruchtbarkeitsgott Freyr passen.

Es hat somit den Anschein, als ob die drei Heiligen Olaf, Knud und Erik die Kirche von Skog genauso beschützt haben wie die drei Götter Odin, Thor und Freyr den nur 150 km weiter südlich gelegenen Tempel von Uppsala.

Man kann aufgrund dieses Wandteppichs wohl davon ausgehen, daß man im Tempel von Uppsala wie auf dem Wandteppich von Skog Thor in der Mitte, Odin links von ihm und Freyr rechts von ihm gesehen haben wird.

Für die Deutung dieser drei Männer als Heilige oder als Götter spricht auch das Podest, auf dem sie stehen – es wird wohl zugleich das Podest der drei Götter in

Uppsala als auch das Podest für die drei Heiligen in Skog darstellen.

Götter und Heilige		

Odin mit Weltenbaum	Thor mit Hammer	Freyr mit Ähre
St. Olaf mit Axt	St. Knud mit Kruzifix	St. Erik

Man kann sich natürlich fragen, wie die Germanen das Verhältnis zwischen den drei Göttern und den drei Heiligen gesehen haben werden. Vermutlich wird das Bild der drei Götter Thor, Odin und Freyr so prägend für die damaligen religiösen Vorstellungen der Germanen in der Nähe von Uppsala gewesen sein, daß man bei dem Gedanken an beschützende Heilige zunächst einmal dieses Bild vor Augen hatte und die drei Götter in drei Heilige verwandelte, die dann den einen oder anderen Aspekt der drei Götter bewahrt haben.

Zusammenfassung
Der Gott Njörd, sein Sohn Freyr und dessen Sohn Fjolne gaben den Menschen gute Ernten, Fülle, Wohlstand und Freunde. Freyr hatte möglicherweise eine Getreideähre als Symbol. Am Erntefest wurde dem Freyr geopfert.

- E Odin -

III 38. n) Loka Tattur

Dieses Lied handelt von Odin, Hönir und Loki sowie einem Bauern und einem Tyr-Riesen, der den Sohn des Bauern rauben will. Der Bauer ruft nacheinander die drei Götter um Hilfe an.

Ein Kornfeld ließ da Odins Macht
Wachsen und reifen in einer Nacht.
In des Ackers Mitte verbarg alsbald
Odin den Knaben in Ährengestalt.
In einer Ähre ward er mitten im Feld
Als Gerstenkorn zu den anderen gestellt.

III 38. o) Skaldskaparmal

Angesichts der Schilderung des Odin in der Loka-Thattur könnte es sein, daß Odins Kenntnisse über Sensen und Schleifsteine aus seiner Assoziation mit dem Getreide stammen.

Da sprach Ägir: „… … … Aber wie kamen die Asen an Suttungs Met?"
Bragi antwortete: „Davon wird erzählt, daß Odin auszog und an einen Ort kam, wo neun Knechte Heu mähten. Er frug sie, ob sie ihre Sensen gewetzt haben wollten. Das bejahten sie. Da zog er einen Wetzstein aus dem Gürtel und wetzte. Die Sicheln schienen ihnen jetzt viel besser zu schneiden: da feilschten sie um den Stein; er aber sprach, wer ihn kaufen wolle, solle geben, was billig sei.

Diese Ernteszene und die Neun-Zahl der Knechte sind ein Hinweis auf den Herbst, in dem das Getreide „stirbt", und auf das Jenseits, das fast immer durch die Zahl „9" gekennzeichnet wird. Odin befindet sich somit auf der Reise ins Jenseits.

Der Schleifstein scheint zu dem Göttervater zu gehören, da er auch von dem Riesen Hrungnir, der der ehemalige Göttervater Tyr im Jenseits ist, als Waffe benutzt wurde.

Der Schleifstein kann zum einen zum Schärfen von Sensen benutzt werden, aber auch zum Schärfen des Schwertes des Tyr. Der Schleifstein charakterisiert Tyr-Odin somit entweder als Kriegsgott (Schwert, Speer) oder als Erntegott (Sense).

Sie sagten alle, das wollten sie; aber jeder bat, den Stein ihm zu verkaufen. Da warf er ihn hoch in die Luft, und da ihn alle fangen wollten, entzweiten sie sich so, daß sie einander mit den Sicheln die Hälse zerschnitten.

Da suchte Odin Nachtherberge bei dem Riesen, der Baugi hieß, dem Bruder Suttungs. Baugi beklagte seine üblen Umstände und sagte, neun seiner Knechte hätten sich umgebracht; nun wisse er nicht, wo er Werkleute hernehmen solle.

Da nannte sich Odin bei ihm Bölwerk und erbot sich, die Arbeit der neun Knechte Baugis zu übernehmen.

Odins Deckname „Bölwerk" bedeutet „Übeltat", was nach dem von ihm provozierten Tod der neun Knechte auch ausgesprochen zutreffend ist.

„Baugi" bedeutet „Ring". Damit könnte evtl. Odins Ring Draupnir gemeint sein, der ein Symbol für die Jenseitsreise und die Wiedergeburt ist.

III 38. p) Heimskringla: Dag der Weise

In dem halb mythologischen und halb historischen Geschichtswerk des Snorri Sturluson wird auch über einen weisen König mit dem Namen „Dag der Weise" berichtet.

Zunächst einmal ist er einfach ein König mit dem Namen „Dag" gewesen, aber es ist zumindestens denkbar, daß seine „Weisheit" auch ein Aspekt des Sonnengottes Dag gewesen ist und von ihm auf König Dag übertragen worden ist. Die Fähigkeit des Königs, die Sprache der Vögel zu verstehen, spricht deutlich dafür, daß hier in die Königsbiographie mythologische Motive miteingewoben worden sind.

Es ist daher recht wahrscheinlich, daß der Spatz des Königs Dag ursprünglich der Adler-Seelenvogel des Sonnengottes Tyr/Odin/Dag gewesen ist. Der sprechende Spatz erinnert sehr an die beiden Raben des Göttervaters Odin.

Der Mord an einem Tier als Auslöser für ein langes Drama erinnert zudem auch an den Tod des in einen Otter verwandelten Sohn des Zwergenkönigs Hreidmar durch Loki, was zu dem Auslöser für die Nibelungensaga wurde.

Es ist somit recht wahrscheinlich, daß der König „Dag der Weise" dem König „Heidrek der Weise" (Heidrek = „Lichtkönig") entspricht und aus den Mythen des Sonnengott-Göttervaters Tyr heraus entstanden ist oder daß diese Saga zumindest sehr stark von den Mythen über die Sonne beeinflußt worden ist. Ohne diese Annahme wäre die gesamte berichtete Geschichte reichlich absurd …

König Dygves Sohn, der Dag genannt wurde, folgte nach dem Tod seines Vaters auf ihn als König.

Er war so weise, daß er die Sprache der Vögel verstand. Er hatte einen Sperling, der ihm viele Neuigkeiten berichtete und in viele verschiedene Länder flog.

Einst flog der Sperling nach Reidgotaland zu einer Farm, die Varva genannt wurde. Dort flog er in das Getreidefeld des Bauern und nahm von seinem Korn. Da kam der Bauern hinzu, nahm einen Stein und tötete den Sperling.

König Dag gefiel es gar nicht, daß sein Sperlings nicht mehr heimkehrte. Als er durch ein Sühneopfer nach dem Schicksal des Sperlings frug, erhielt er die Antwort, daß er in Varva getötet worden sei.

Daraufhin versammelte er sein Heer und zog nach Gotland und als er nach Varva kam, landete er mit seinen Männern und plünderte und alle Menschen flohen vor ihm.

König Dag kehrte am Abend zu seinen Schiffen zurück nachdem er viele Menschen getötet und viele zu Gefangenen gemacht hatte.

Als sie an einem Ort, der „Waffenfurt" hieß, einen Fluß überquerten, kam ein in der Nähe arbeitender Leibeigener zum Flußufer gerannt und warf seine Heugabel mitten in das Heer. Sie traf den König am Kopf und er fiel sofort vom Pferd und war tot.

<u>Zusammenfassung</u>

Odin war ein Gott, der das Getreide wachsen lassen konnte. Er kannte sich daher auch mit Sensen und Schleifsteinen aus.

Dieses Motiv hat er möglicherweise z.T. von Tyr übernommen.

- F   Baldur -

III 38. q)   Der Seherin Ausspruch

Die folgende Strophe zeigt, daß sich die Germanen um den Ertrag ihrer Getreidefelder sorgten:

Da werden unbesät die Äcker tragen,
Alles Böse bessert sich, Baldur kehrt wieder.
In Heervaters Himmel wohnen Hödur und Baldur,
Die walweisen Götter. Wißt ihr, was das bedeutet?

III 38. r)   Gylfis Vision

Auch an dieser Textstelle wird die Fülle an Getreide mit der Wiedergeburt des Baldur assoziiert:

Da sprach Gangleri: „Leben denn dann noch Götter und gibt es noch eine Erde oder einen Himmel?"
Har antwortete: „Die Erde taucht aus der See auf, grün und schön, und Korn wächst darauf ungesäht."

Zusammenfassung

Baldurs Tod bedeutete den Einbruch des Winters – die neunmonatige Herrschaft des Loki.

Nach dem Ende des Winters kehrt Baldur zurück und es beginnen die drei Sommermonate, in denen das Getreide wächst, das mit Baldurs Rückkehr assoziiert wurde.

- G König Sceaf -

III 38. s) Der Name „Sceaf"

Der Name „Sceaf" ist identisch mit dem angelsächsischen Substanitv „sceaf, sceafa" für Korngarbe. Dieses Wort findet sich im Althochdeutschen als „scoub", woraus die heute veralterte deutsche Benennung der Korngarbe als „Korn-Schaub" abstammt.

III 38. t) Widsith

In diesem um ca. 600 verfaßten Gedicht wird dieser König als *„Sceafa regierte die Langobarden"* aufgeführt. Es handelt sich jedoch eher um eine Sagengestalt, da von den Langobarden kein König mit diesem Namen bekannt ist.

III 38. u) Stammvater der Könige

In mehreren Genealogien der germanischen Könige erscheint Sceaf als ein Urahn der Könige. In den meisten dieser Stammbäume findet sich die nachstehende Reihenfolge:

Odin/Wodan – ... – Geat /Gaut – ... – Sceaf – ... – Scyld – ... – Könige

III 38. v) Beowulf-Epos

Scyld erscheint bereits im Beowulf-Epos, das zwar um 700 n.Chr. in England geschrieben wurde, aber Ereignisse beschreibt, die um ca. 500 n.Chr. in Dänemark stattgefunden haben.

Er wird in diesem Vers-Epos „Scyld Scefing" genannt, was „Scyld, Sohn des Scef" oder „Scyld von der Garbe" oder vereinfacht „Scyld Garbe" bedeutet. Die Bestattung dieses dänischen Herrschers wird wie folgt beschrieben:

„Sie schmückten seinen Körper nicht weniger reich
als mit Gaben wie es die ersten einst taten,
die ihn als Kind entsendet hatten,
und übergaben ihn allein hinaus zu den Wellen."

III 38. w)   Angelsächsische Chronicen

In dieser im Jahre 855 verfaßten englischen Geschichte ist *„Sceaf"* ein Sohn des Noah und wurde auf dessen Arche geboren.

III 38. x)   Chronica des Aethelweard

Aethelweard schrieb um ca. 1050:

„Dieser Sceaf kam in einem leichten Bot zu einer Insel im Ozean, die Scani genannt wurde. Um ihn herum lagen Waffen und er war ein junger Knabe, den Bewohnern dieses Landes völlig unbekannt. Jedoch wurde er von ihnen wie einer aus ihrer Sippe aufgenommen und versorgt, und später wählten sie ihn zu ihrem König, von dessen Familie König Aethelwulf abstammte."

„Scani" ist Skandinavien.

III 38. y)   Gesta regum anglorum

Um ca. 1150 n.Chr. schrieb William von Malmesbury:

Sceaf; der, wie einige behaupten, bei einer bestimmten Insel in Germanien angetrieben wurde, die Scandza hieß, (von der Jordanes, der Geschichtsschreiber der Goten berichtet hat), ein kleiner Junge in einem Nachen, ohne jegliche Begleitung, schlafend, mit einer Handvoll Korn bei seinem Kopf, daher nannte man ihn Sceaf; und wegen seiner einzigartigen Erscheinung, wurde er von den Männern dieses Gebietes wohlwollend aufgenommen und behutsam aufgezogen, in seinen reiferen Jahren regierte er in einer Stadt, die Slaswic genannt wurde, aber nunmehr Haithebi;

dieses Land, geheißen Alt-Anglia, von woher die Angeln nach Britannien kamen, befindet sich zwischen dem der Sachsen und der Goten.

    Scandza = Skandinavien
    Haithebi = Haitabu = Slawic = Schleswig (damals die größte Wikinger-Stadt)
    Alt-Anglia = Ost-Schleswig = die Gegend zwischen Flensburg, Schleswig, Eckernförde und Kappeln
    Als Herr von Schleswig, der Hauptstadt des Reiches der Angeln, ist Sceaf auch der Ahnherr der Angelsachsen-Könige in England.

III 38. z)   Edda-Prolog

Snorri Sturluson führt um 1220 n.Chr. Sceaf („Skjöld") auch in der Einleitung zu seiner Edda als den Ahnherrn der dänischen Könige auf.

Dann wandte sich Odin nordwärts und kam in das Land, das man Reidgothaland nennt, und in diesem Land nahm er alles in Besitz, was ihm gefiel. Er setzte über dieses Land den seiner Söhne ein, den man Skjöld nennt und dessen Sohn Fridleif war. Und von ihm stammt das Haus der Skjöldungen ab – dies sind die Könige der Dänen. Und das, was damals Reidgothaland genannt wurde, wird heute Jütland genannt.

III 38. aa)   Abingdon Chronicles

Um ca. 1250 n.Chr. fand ein Orakel statt, das sich auf Sceaf beziehen könnte. Der Abt von Abingdon stritt sich mit den Männern von Oxfordshire um eine Insel-Weidefläche.

Um zu entscheiden, wem die Weide zukünftig gehören sollte, wurde eine Weizengarbe („sceaf") auf einen Rundschild („scyld") gelegt und obenauf eine brennende Wachskerze. Diesen Schild ließ man dann die Themse hinabtreiben bis er zu der Insel kam und dann zwischen ihr und Iffley entlangtrieb – was dann den zukünftigen Herrn dieser Insel festgelegt hat.

<u>Zusammenfassung</u>

Der Name des Sceaf bedeutet „Korngarbe".

Er ist ein Nachkomme (Sohn) des Odin und der Ahnherr der dänischen Könige.

Er wurde in einem Schiff, in dem Waffen und eine Getreidegarbe lag, an der dänischen Küste angetrieben. Er wurde zum König der Dänen, der in Haithabu (Schleswig) herrschte. Nach seinem Tod wurde er auf einem Schiff bestattet, das man wie bei Baldurs Bestattung ins Meer hinaussandte.

Er wurde auch als ein Sohn des Noah angesehen, der auf der Arche geboren wurde – auch hier ist Sceaf mit einem Schiff verbunden.

Der auf dem Wasser schwimmende Schild mit der Getreidegarbe und der brennenden Kerze auf ihm, der als Orakel benutzt worden ist, entspricht dem Sceaf in seinem Boot mit der Garbe. Die Kerze ist anscheinend die Analogie zu Sceaf. Ein König, der als Jüngling aus dem Meer kommt und nach seinem Tod wieder in das Meer zurückkehrt und zudem der Flamme einer Kerze gleichgesetzt wird, kann nur der ehemalige Sonnengott-Göttervater Tyr sein.

Dies bedeutet wiederum, daß die Getreide-Symbolik des Sommergottes Baldur vermutlich von dem Sommergott Tyr abstammt, der im Sommer in seinem Boot das Getreide bringt. Das Sceaf-Boot ist daher ein Vorgänger des Schiffes Hringhorni des Baldur, der Jenseitsbarke des Odin, des Skidbladnir des Freyr, des Runen-Knochens des Ullr und des Naglfar des Tyr-Riesen Hrym.

Das Schiff mit dem in ihm liegenden Jüngling Sceaf und der Schild mit der auf ihm liegenden Getreidegarbe ist daher der im Frühjahr aus der Wasserunterwelt zurückkehrende ehemalige Sonnengott-Göttervater Tyr in seiner Sonnenbarke, in der schon auf den skandinavischen Felsritzungen die Sonne über das Himmelsmeer fährt.

- H Magie -

III 38. ab)   Das andere Gudrunenlied

In diesem Rezept für einen Vergessenheits-Zaubertrank findet sich auch eine „ungeschnittene Ähre" als Zutat. Es wäre denkbar, daß es ein Ritual gegeben hat, in dem man das Getreide nicht mit der Sense oder der Sichel schneiden durfte, sondern ausraufen mußte.

Gudrun:
„Grimhild brachte den Becher mir dar,
Den kalten, herben, daß ich Harms vergäße;
Hinein war gemischt die magische Kraft der Jörd,
Eiskalte See und Schweine-Blut.

In das Horn hatten sie alle Arten von Runen
Geritzt und gerötet; ich erriet sie nicht.
Einen Heide-Fisch aus der Haddinge Land,
Ungeschnittne Ähre und Eingeweide von Tieren.

Im Gebrauten beisammen war Bosheit viel,
Blüten von Bäumen und geröstete Eicheln,
Tau des Herdes und geweihte Eingeweide,
Schweinsleber, die den Schmerz betäubt."

Zusammenfassung

Es scheint ein Ritual gegeben zu haben, bei dem man eine Getreide-Garbe benutzte, die nicht geschnitten, sondern ausgerauft werden mußte – möglicherweise, um sie nicht zu „verletzen" und damit sie „lebendig" blieb und im nächsten Jahr sozusagen „zurückkehrte".

- I Sagen -

III 38. ac)   Die wilden Frauen im Untersberge

Diese Sage stammt aus der Sammlung deutscher Sagen von Jacob Grimm.

Die Grödicher Einwohner und Bauersleute zeigten an, daß zu diesen Zeiten (um das Jahr 1753) vielmals die wilden Frauen aus dem Wunderberge zu den Knaben und Mägdlein, die zunächst dem Loche innerhalb Glanegg das Weidvieh hüteten, herausgekommen und ihnen Brot zu essen gegeben.
Mehrmals kamen die wilden Frauen zu der Ährenschneidung. Sie kamen frühmorgens herab, und abends, da die andern Leute Feierabend genommen, gingen sie, ohne die Abendmahlzeit mitzunehmen, wiederum in den Wunderberg hinein.

Einstens geschah auch nächst diesem Berge, daß ein kleiner Knab auf einem Pferde saß, das sein Vater zum Umackern eingespannt hatte. Da kamen auch die wilden Frauen aus dem Berge hervor und wollten diesen Knaben mit Gewalt hinwegnehmen.

Der Vater aber, dem die Geheimnisse und Begebenheiten dieses Berges schon bekannt waren, eilte den Frauen ohne Furcht zu und nahm ihnen den Knaben ab, mit den Worten: „Was erfrecht ihr euch, so oft herauszugehen und mir jetzt sogar meinen Buben wegzunehmen? Was wollt ihr mit ihm machen?"

Die wilden Frauen antworteten: „Er wird bei uns bessere Pflege haben und ihm besser bei uns gehen als zu Haus; der Knabe wäre uns sehr lieb, es wird ihm kein Leid widerfahren."

Allein der Vater ließ seinen Knaben nicht aus den Händen, und die wilden Frauen gingen bitterlich weinend von dannen.

Abermals kamen die wilden Frauen aus dem Wunderberge nächst der Kugelmühle oder Kugelstadt genannt, so bei diesem Berge schön auf der Anhöhe liegt, und nahmen einen Knaben mit sich fort, der das Weidvieh hütete. Diesen Knaben, den jedermann wohl kannte, sahen die Holzknechte erst über ein Jahr in einem grünen Kleid auf einem Stock dieses Berges sitzen. Den folgenden Tag nahmen sie seine Eltern mit sich, willens, ihn am Berge aufzusuchen, aber sie gingen alle umsonst, der Knabe kam nicht mehr zum Vorschein.

Mehrmals hat es sich begeben, daß eine wilde Frau aus dem Wunderberg gegen das Dorf Anif ging, welches eine gute halbe Stunde vom Berg entlegen ist. Alldort machte sie sich in die Erde Löcher und Lagerstätte. Sie hatte ein ungemein langes und schönes Haar, das ihr beinahe bis zu den Fußsohlen hinabreichte. Ein Bauersmann aus dem Dorfe sah diese Frau öfter ab- und zugehen und verliebte sich in sie, hauptsächlich wegen der Schönheit ihrer Haare. Er konnte sich nicht erwehren, zu ihr zu gehen, betrachtete sie mit Wohlgefallen und legte sich endlich in seiner Einfalt ohne Scheu zu ihr in ihre Lagerstätte. Es sagte eins zum andern nichts, viel weniger, daß sie etwas Ungebührliches getrieben.

In der zweiten Nacht aber fragte die wilde Frau den Bauern, ob er nicht selbst eine Frau hätte?

Der Bauer aber verleugnete seine Ehefrau und sprach nein.

Diese aber machte sich viel Gedanken, wo ihr Mann abends hingehe und nachts schlafen möge. Sie spähete ihm daher nach und traf ihn auf dem Feld schlafend bei der wilden Frau.

„O behüte Gott", sprach sie zur wilden Frau, „Deine schönen Haare! Was tut ihr da miteinander?"

Mit diesen Worten wich das Bauersweib von ihnen, und der Bauer erschrak sehr hierüber.

Aber die wilde Frau hielt dem Bauern seine treulose Verleugnung vor und sprach zu ihm: „Hätte deine Frau bösen Haß und Ärger gegen mich zu erkennen gegeben, so würdest Du jetzt unglücklich sein und nicht mehr von dieser Stelle kommen; aber weil deine Frau nicht bös war, so liebe sie fortan und hause mit ihr getreu und unterstehe Dich nicht mehr, daher zu kommen, denn es steht geschrieben: 'Ein jeder lebe getreu mit seinem getrauten Weibe', obgleich die Kraft dieses Gebots einst in große Abnahme kommen wird und damit aller zeitlicher Wohlstand der Eheleute. Nimm diesen Schuh von Gold von mir, geh hin und sieh dich nicht mehr um."

Die „wilden Frauen" in dieser Sage scheinen das Getreide in ihrem Berg aufzubewahren, das dann auf den Feldern wächst – falls man die „bessere Pflege" und die Assoziation mit der Getreideernte so deuten darf.

Das schöne Haar der „wilden Frau" erinnert sehr an die „Getreide-Haare" des Göttin Sif. Dieser Ursprung der „wilden Frau" würde auch zu der Assoziation mit der Kornernte und der Vermutung der Korn-Fülle in ihrem Berg (Sifs abgeschnittene Getreide-Haare in der Unterwelt) passen.

Der Sohn des Bauern, der mit in die Unterwelt soll, gleicht dem Sceaf aus den skandinavischen Mythen.

III 38. ad)   Die Roggenmuhme

Auch diese Sage stammt aus der Sammlung deutscher Sagen von Jacob Grimm.

In der Mark Brandenburg geht unter den Landleuten eine Sage von der Roggenmuhme, die im Kornfeld stecke, weshalb die Kinder sich hineinzugehen fürchten.

In der Altmark schweiget man die Kinder mit den Worten: „Halts Maul, sonst kommt die Regenmöhme mit ihrem schwarzen langen Hitzen und schleppt Dich hinweg!"

Im Braunschweigischen, Lüneburgischen heißt sie das Kornwyf. Wenn die Kinder Kornblumen suchen, erzählen sie sich davon, daß es die Kleinen raube, und wagen sich nicht zu weit ins grüne Feld.

Im Jahre 1662 erzählte auch die Saalfelder Frau dem Prätorius: Ein dortiger Edelmann habe eine Sechswöchnerin von seinen Untertanen gezwungen, zur Erntezeit Garben zu binden. Die Frau nahm ihr junges, saugendes Kindlein mit auf den Acker und legte es, um die Arbeit zu fördern, zu Boden. Über eine Weile sah der Edelmann, welcher zugegen war, ein Erdweib mit einem Kinde kommen und es um das der Bäuerin tauschen. Dieses falsche Kind hob an zu schreien, die Bäuerin eilte herzu, es zu stillen, aber der Edelmann wehrte ihr und hieß sie zurückbleiben, er wolle ihr schon sagen, wann's Zeit wäre.

Die Frau meinte, er täte so der fleißigeren Arbeit wegen, und fügte sich mit großem Kummer. Das Kind schrie unterdessen unaufhörlich fort, da kam die Roggenmutter von neuem, nahm das weinende Kind zu sich und legte das gestohlene wieder hin. Nachdem alles das der Edelmann mit angesehen, rief er der Bäuerin und hieß sie nach Hause gehen. Seit der Zeit nahm er sich vor, nun und nimmermehr eine Kindbetterin zu Diensten zu zwingen.

Auch diese „Roggenfrau" könnte ursprünglich die Göttin Sif gewesen sein.

Zusammenfassung

Die „wilden Frauen" und die „Roggenfrau" scheinen die Nachfolgerinnen der „Sif mit dem goldenen Getreide-Haar" zu sein.

- J   Grotesken -

III 38. af)   Die Gauti-Saga

In dieser Saga sind einige der alten Mythen ins Groteske übersteigert worden.

Eines Tages geschah es, daß Imsigul an seinen Äckern entlang ging. Da sah er vor sich einen Sperling. Das ist ein ziemlich kleiner Vogel. Ihm sah es so aus, als sei Schaden zu erwarten. Er ging am Acker entlang und sah, daß der Vogel ein Korn aus einer Ähre gepickt hatte. Da sprach er:

*„Das war ein Schaden
und ein Sperling verursachte ihn,
auf Imsiguls Acker.
Die Ähre wurde beschädigt
und ein Korn herausgepickt,
das wird Tötras Familie ewig betrüben."*

Die Familie hat in dieser Groteske anschließend wegen dem Verlust dieses Getreidekornes Selbstmord begangen.

Diese Getreide-Motiv erinnert an König Dag, dessen Sperling ein Getreidekorn gefressen hat – was schließlich zu König Dags Tod wurde.

Zusammenfassung

Aus der Analogie zwischen dem Tod des Sonnengott-Göttervaters Tyr (später Baldur) und dem Tod des Getreides ist der Tod des Königs wegen des Sperlings, der ein Getreidekorn gefressen hat, entstanden.

- K   Deutsche Mythologie -

III 38. ag)   Jacob Grimm: Deutsche Mythologie

Der ackermann läßt, wenn er sein korn schneidet, dem gott der es segnete, einen haufen ähren stehen und schmückt sie mit bändern. noch jetzt bei der obsternte bleiben in Holstein auf jedem baum fünf oder sechs äpfel unberührt hängen, dann gedeiht die nächste ernte.

Merkwürdigere beispiele dieser gewohnheit werde ich erst im verfolg bei abhandlung der einzelnen gottheiten mittheilen. Wie aber hauptsächlich zahme und eßbare thiere, taugen auch fruchtbäume und getraide zum opfer, und bei feierlicher übergabe von grundstücken dienen zweige mit blättern, äpfeln oder nüssen als wahrzeichen des geschäfts.

Cains opfer umschreibt der mittelhochdeutsche dichter in den worten:

eine garb er nam, er wolte sie oppheren mit eheren joch mit agenen,

Diese formel drückt sowol den oberen theil, die spitze (arista), als die ganze ähre (spica) insgemein aus.

Hierher gehört auch das bekränzen des götterbildes, eines heiligen baums, oder eines geopferten thiers mit laub oder blumen; in den nordischen sagen zeigt sich nicht die geringste spur davon, ebenso wenig in unsern ältesten überlieferungen.

Aus der späteren zeit und fortlebenden volkssage kann ich einiges anführen. am himmelfahrtstage winden in mehr als einer gegend Deutschlands die mädchen kränze aus weißen und rothen blumen, und hängen sie in der stube oder im stall über dem vieh so lange auf, bis sie das nächste jahr durch frische ersetzt werden.

Im dorfe Questenberg am Harz bringen am dritten pfingsttage die bursche eine eiche auf den die ganze gegend beherschenden burgberg, und befestigen, sobald sie aufgerichtet steht einen großen kranz daran, der von baumzweigen geflochten ist und einem wagenrad gleicht. alles ruft: „die queste (d.h. der kranz) hängt!" und dann wird oben auf dem berge um den baum getanzt, baum und kranz aber jährlich erneuert.

Unweit dem hessischen berge Meisner steht eine hohe felsenwand, unter der sich eine höle öffnet, die den namen des holen steins führt. in diese höle tragen am zweiten ostertage jünglinge und mädchen der benachbarten dörfer blumensträuße und schöpfen sich dann kühlendes wasser. ohne blumen mitzubringen wagt es niemand hinabzusteigen.

Grundstücke einzelner hessischen dorfschaften haben jährlich einen strauß maiblumen zu zinsen.

In allen diesen beispielen, die sich durch manche ähnliche vermehren lassen werden, scheint heidniche gewohnheit auf christliche feste und abgaben überführt.

Auf dem Kornfeld bleibt eine Garbe als Opfer für die Götter stehen.

In der Prignitz wird gesagt „fru Gode", und der auf jedem acker stehn gelassene büschel ähren heißt vergodendeelsstruß d.h. „Frau Godens-Anteil-Strauß", der ihren theil ausmacht. ver ist übliche kürzung von frau und die mundart, welche fauer für foer, foder gebraucht, wird auch Gaue für Gode, Guode nehmen.

In diesem Guode könnte nun nichts anders stecken als Gwode, Wode, und fru aus dem älteren fro erklärt, würde fro Woden, fro Gaue (vgl. Gaunsdag für Wonsdag) den herrn und gott, keine göttin bezeichnen, also die formel völlig mit der bei Wuotan gegebnen und dem beigebrachten fruh Wod übereintreffen.

Zieht man den wenigstens späterhin mit der benennung fru offenbar verbundnen begrif einer weiblichen gottheit vor, so ließe sich vielleicht an die altnordische Gôi eine mythische jungfrau denken, nach welcher der februar im altnordischen benannt wird. die grichische Γαῖα oder Γῆ halte ich aus dem spiel.

In der Gegend von Prignitz in Norwest-Brandenburg ließ man ein Büschel Ähren für „Frau Gode" stehen, die entweder auf „Freyr Wotan", auf die Göttin Goi zurückgeht oder auf „Frau Gott", also eine Göttin zurückgeht.

In einem angelsächsischen formular zur herstellung der fruchtbarkeit solcher äcker, denen ein zauber angethan war, kommen zwei bemerkenswerthe anreden vor; einmal heißt es: „erce, erce, erce, eordan modor" und es scheint damit nicht die erde selbst, vielmehr ihre mutter gemeint, aber der ausdruck ist noch räthselhaft.

Sollte in Erce (genitiv: Ercan) ein verdunkelter eigenname stecken, der sich mit dem althochdeutscheb adjektiv „ërchan" (simplex, genuinus, germanus) berührte? wäre doch genauer zu schreiben „Eorce"? und mag man sich an die in unserer heldensage berühmte frau Erche, Herkja, Herche, Helche erinnern?

Bedeutsam sind in niedersächsischen gegenden die bestimmten spuren einer göttlichen frau namens Herke oder Harke. In Jessen, einem städtchen an der Elster unweit Wittenberg erzählt man von frau Herke, was an andern orten, wie gezeigt werden soll, von frau Freke, Berhta und Holda gilt.

In der Mark heißt sie frau Harke, in den zwölften soll sie durchs land fliegen und die fülle irdischer güter verleihen, bis zum dreikönigstage müssen die mägde den flachs abspinnen, sonst zerkratzt sie frau Harke oder besudelt den rocken.

... ...

Haben wir hier noch das alte Ero, Ἐρα, Hero für erde? und gehört Ἥρα dazu? liegt aber im angelsächsischen Erce dasselbe, so muß auch der diminutivform Herke hohes alter gebühren.

Das anderemal wird in jener angelsächsischen formel der erde zugerufen: „hâl ves thu folde, fira môdor!" = „heil sei du erde, der menschen mutter", was zu jenem auch von Tacitus ausgedrückten terra mater stimmt.

Die ausgebreitete verehrung der zeugenden, nährenden erde wird ohne zweifel auch unter unsern vorfahren mehrfache benennungen veranlaßt haben, wie sich der Gäadienst und ihrer tochter Rhea mit dem der Ops mater, der Ceres und Cybele mischten.

Es scheint eine Erd- und Fruchtbarkeitsgöttin mit dem Namen Herche gegeben zu haben, die möglicherweise mit der griechischen Göttin Hera verwandt ist.

Den wechsel weiblicher und männlicher gottheiten muß hier willkommen ins licht setzen, daß die bei Wuotan als erntegott angeführten formeln und reime in andern niederdeutschen gegenden geradezu auf eine göttin übertragen werden. wenn die hausleute, heißt es, den roggen mähen, lassen sie etliche halme stehen, binden blumen dazwischen und nach vollendeter arbeit sammeln sie sich um die stehen gebliebenen büschel, fassen die roggenähren an, und heben dreimal an zu rufen:

fru Gaue, haltet ju fauer,
düt jar up den wagen,
dat ander jar up der kare!

Während dort dem Wode für dies jahr schlechtes futter, für das nächste besseres zugesagt ist, scheint hier frau Gauen eine künftige herabsetzung der dargebrachten gabe voraus angekündigt zu werden. durch beides finde ich die scheu der Christen über die beibehaltung des heidnischen opfers ausgedrückt: die alten götter sollen, wenigstens den worten nach, sich nunmehr gering und schlecht stehen.

In der umgegend von Hameln herschte die gewohnheit, daß, wenn ein schnitter beim binden eine garbe übergieng, oder sonst auf dem acker etwas stehen ließ, ihm spottweise zugerufen wurde: „scholl düt dei gaue frue" oder „de fru Gauen hebben?"

… … …

Wie diese namen, welche den wagen und berg des alten gottes bezeichnen, vorzüglich in Niederdeutschland, wo sich das heidenthum länger behauptete, übrig geblieben sind, weist eben dahin auch eine merkwürdige gewohnheit des niedersächsischen volks bei der kornernte. man pflegt einen büschel getraide auf dem feld stehen zu lassen dem Woden für sein pferd.

Nach der edda reitet Odinn das beste aller rosse, den Sleipnir, welchem acht füße zugeschrieben werden. Sleipnis verðr (speise des Sleipnir) ist dichterische benennung des heues; andere sagen reden von einem hohen weißen schimmel, an dem der siegesgott in den schlachten zu erkennen war.

Jenen unschuldigen gebrauch rottete das christenthum weder bei dem nordischen noch dem sächsischen landmann völlig aus. In Schonen und Blekingen blieb es lange sitte, daß die ernter auf dem acker eine gabe für Odens pferde zurückließen.

Die meklenburgische gewohnheit schildert Gryse folgendermaßen: ja, im heidendom hebben tor tid der arne de meiers dem afgade Woden umme god korn angeropen, denn wenn de roggenarne geendet, heft men up den lesten platz eins idern veldes einen kleinen ord unde humpel korns unafgemeiet stan laten, datsülve baven an den aren drevoldigen to samende geschörtet unde besprenget. alle meiers sin darumme her getreden, ere höde vam koppe genamen unde ere seisen na der sülven wode (?) unde geschrenke dem kornbusche upgerichtet, und hebben den Wodendüvel dremal semplik lud averall also angeropen unde gebeden:

Wode, hale dinem rosse nu voder,
nu distel unde dorn,
tom andern jar beter korn!

Welker afgödischer gebruk im pawestom gebleven. daher denn ok noch an dissen orden dar heiden gewanet, bi etliken ackerlüden solker avergelövischer gebruk in anropinge des Woden tor tid der arne gespöret werd, und ok oft desülve helsche jeger, sonderliken im winter des nachtes up dem velde, mit sinen jagethunden sik hören let.

(Ja, im Heidentum haben zu der Zeit die Bauern dem Abgott Wodan um gutes Korn angerufen, denn wenn die Roggenernte zuende war, hat man auf dem letzten Platz eines jeden Feldes eine kleine Garbe des Korns ungemäht stehen gelassen und dasselbe unter den Ähren zusammengebunden und besprenkelt. Dann haben sich alle Bauern ringsherum gestellt, haben ihre Mützen vom Kopf genommen und ihre Sensen vor dem Kornbüschel aufgerichtet und dreimal alle zusammen laut den Wodan-Teufel angerufen und gebeten:

Wodan, hol' nun Futter für Dein Roß,
keine Disteln und keine Dornen,
bring im nächsten Jahr besseres Korn!

Derartige abergläubische Gebräuche sind noch übliche gewesen: Da an diesen Orten haben noch Heiden gewohnt haben, sind bei etlichen Ackerleuten solche abergläubische Gebräuche und Anrufungen des Wodan wegen der Ähren benutzt worden. Und dieser Jäger soll oft insbesondere im Winter des Nachts mit seinen Jagdhunden auf dem Felde gehört worden sein.)

David Franck, der von alten leuten das nemliche gehört hat, führt den reim so an:

Wode, Wode,
hal dinen rosse nu voder,
nu distel un dorn,
ächter jar beter korn!

(Wotan, Wotan,
hol nun Futter für Dein Roß,
keine Disteln, kein Dornen,
nächstes Jahr: besseres Korn!)

Auf adlichen höfen, fügt er hinzu, wenn der roggen ab sei, werde den erntemeiern Wodelbier gereicht.

(Auf etlichen Höfen wird den Ernte-Knechten nach der Roggen-Ernte Wodans-Bier gereicht.)

Auf Wodenstag jäte man keinen lein, damit Wodens pferd den samen nicht zertrete. in den zwölften spinne man nicht und lasse keinen flachs auf dem rocken; auf die frage warum? heiße es: der Wode jage hindurch. Ausdrücklich wird berichtet, dieser wilde jäger Wod reite auf weißem rosse. bei Sätuna in Vestergötland liegen schöne wiesen Onsängarne (Odens ängar) genannt, auf welchen des gottes pferde geweidet haben sollen (Afzelius). in Süddeutschland erzählt man von des burgherrn weidendem schimmel.

Ich habe mir erzählen lassen, daß auch im Oldenburgischen (in der gegend von Kloppenburg) die erntenden ein stück halme auf dem acker nicht abschneiden, und darum tanzen. vielleicht wird noch jetzt ein reim dazu gesungen, sicher geschah es ehmals.

Eine schaumburgische sitte finde ich so beschrieben: in scharen von zwölf, sechzehn, zwanzig sensen zieht das volk aus zur mahd, es ist so eingerichtet, daß alle am letzten erntetag zugleich fertig sind, oder sie lassen einen streif stehen, den sie am ende mit einem schlag hauen können, oder sie fahren nur zum schein mit der sense durch die stoppel, als hätten sie noch zu mähen. Nach dem letzten sensenschlag heben sie die werkzeuge empor, stellen sie aufrecht und schlagen mit dem streek dreimal an die klinge. jeder tröpfelt von dem getränke, das er hat, es sei bier, brantwein oder milch, etwas auf den acker, trinkt selbst, unter hüteschwingen, dreimaligem anschlag an die sense und dem lauten ausruf Wold, Wold, Wold! die weibsleute klopfen alle brotkrumen aus den körben auf die stoppeln. jubelnd und singend ziehen sie heim. Funfzig jahre früher war ein lied gebräuchlich, das seitdem ausgestorben ist, und dessen erste strophe lautete:

Wôld, Wôld, Wôld!
hävenhüne weit wat schüt,
jümm hei dal van häven süt.
vulle kruken un sangen hät hei,
upen holte wässt manigerlei:
hei is nig barn un wert nig old.
Wôld, Wôld, Wôld!

Unterbleibt die feierlichkeit, so ist das nächste jahr miswachs an heu und getraide.
Wahrscheinlich wurde dem verehrten wesen, außer der trankspende, getraide stehen gelassen, wie die vierte zeile des lieds (er hat volle krüge und garben) zu erkennen gibt; vielleicht gedachte die zweite strophe des rosses. ›der himmelriese schaut nieder von himmel, er weiß alles was geschieht‹, das stimmt zu dem alten glauben an Wuotans stul; die sechste zeile schildert den ungebornen und unalternden gott fast zu theosophisch. Wôld, obgleich durch den reim gerechtfertigt, scheint eher aus Wôd, Wôde verderbt, als aus waldand verkürzt.
Mir hat ein Schaumburger den namen Wauden ausgesprochen und folgendergestalt erzählt: am Steinhudersee gehn im herbst nach gehaltner ernte die bursche aus dem dorfe Steinhude an einen hügel, Heidenhügel genannt, entzünden ein feuer darauf und rufen, wenn die flamme lodert, unter hutschwenken:

Wauden, Wauden!
o heilige sanct Mäha,
beschere übers jahr meha,
so viel köppla, so viel schöckla,
so viel ährla, so viel 1000 gute gährla.

Vergaßen es die schnitter, so hieß es: seids net so geizig und laßt dem heilig sanct Mäha auch was steha und macht ihm sein städala voll!
Drei halme bleiben für den Oswald stehn, drei ähren dreimal mit blumen gebunden. die blumen sind die kornblume (centaurea, blau), die blotze (rothe kornblume, papaver rhoeas) und die camille. die rothe kornblume heißt sonst auch Miedelmagn (Marienmohn). in Schwaben: hergots kitele, mäntele. Die Russen lassen garben für Volos (Veles) stehen, dem Volos in den bart (borod).
Aus solchen gebräuchen leuchtet die milde des alterthums. der mensch will sich nicht alles zueignen, was ihm gewachsen ist, dankbar läßt er ein theil für die götter zurück, welche auch ferner seine saat schützen. die habsucht nahm zu, als die opfer aufhörten. Wie hier dem Wuotan werden anderwärts gütigen geistern und elben, z. b. in Schottland den brownies ähren hingelegt und dargebracht. (vergleiche pixy-hording).
Wuotan war es nicht ausschließlich, der den feldern fruchtbarkeit verlieh; in noch näherem bezug zum ackerbau stand Donar und dessen mutter, die Erde. wir werden diese göttin, bei ganz ähnlichen erntefesten, an jenes stelle gesetzt sehen.

<u>Zusammenfassung</u>

Die Bauern ließen früher eine Getreidegarbe für die Götter stehen – dies war entweder Freyr-Wodan, die Göttin Goi oder, was am wahrscheinlichsten ist, einfach die „Frau Göttin". Dieser Brauch wird sich vermutlich ursprünglich auf die Göttin Sif bezogen haben.

- L Perser -

<u>III 38. ah) Die Getreidesymbolik der Perser</u>

In dem Buch „Zend-Avesta" führen der Prophet Zarathustra und der oberste Gott Ahura Mazda in dem Kapitel „Fargard 3" ein Gespräch über das Getreide:

Zarathustra: *„O Erschaffer der irdischen Welt, Du Heiliger! Was ist die Nahrung, die das Gesetz des Mazda erfüllt?"*

Ahura Mazda antwortete: „Es ist die Aussaat des Getreides – wieder und wieder, o Spitama Zarathustra! Der, der Getreide sät, sät Heiligkeit: Er läßt das Gesetz des Mazda höher und höher wachsen; er macht das Gesetz des Mazda so fett wie er es mit hundert Verehrungen, mit tausend Trankopfern, mit zehntausend Opfern machen würde.

Wenn die Gerste keimt, kommen die Daevas (Dämonen); wenn das Korn kraftvoll wächst, werden die Daevas verzagt; wenn das Korn gemahlen wird, stöhnen die Daevas; wenn das Mehl herauskommt, sind die Daevas vernichtet worden. In diesem Haus können sie nicht länger bleiben; sie sind aus dem Haus, in dem der Weizen auf diese Weise behandelt wird, fortgeprügelt worden. Dort, wo es reichlich Korn gibt, ist es, als ob rotglühendes Eisen in ihren Kehlen gedreht werden würde."

Hier wird der Kampf der Guten (Ahura Mazda, Zarathustra, Bauern) gegen die Bösen (Daevas) mit dem Getreideanbau verglichen. Sollte das eine Erinnerung an den Kampf zwischen Tyr und Loki sein? Oder ist er von dem Kampf zwischen dem ägyptischen Korngott Osiris und dem Wildnisgott Seth inspiriert worden? Oder durch den sumerischen Korngott Dumuzi?

- M   Griechen -

III 38. ai)   Die Getreidesymbolik der Griechen

Illias 1, 447

Auch ordneten jene des Gottes
Herrliche Sühnhekatomb' um den schöngebauten Altar;
Wuschen darauf sich die Händ', und nahmen sich heilige Gerste.
Aber Chryses betete laut mit erhobenen Händen:
„Höre mich, Gott, der Du Chrysa mit silbernem Bogen umwandelst,
Samt der heiligen Killa, und Tenedos mächtig beherrschest!
So wie schon Du zuvor mich hörtest, als ich Dich anrief,
Wie Du Ehre mir gabst, und furchtbar schlugst die Achaier;
Also auch nun von neuem gewähre mir dieses Verlangen:
Gib den Danaern nun der schmählichen Plage Genesung!"

Also rief er betend; ihn hörte Phöbos Apollon.
Aber nachdem sie gefleht, und heilige Gerste gestreut.

- N   Sumerer -

III 38. aj)   Die Getreidesymbolik der Sumerer

Von den Sumerern wurde der Korngott Dumuzi verehrt. Die Ernte des Getreides entsprach seinem Tod; das Keimen der Saat seiner Wiedergeburt.

- O   Ägypter -

III 38. ak)   Die Getreidesymbolik der Ägypter

Bei den Ägyptern war Osiris (wie der sumerische Dumuzi) der sterbende und wiedergeborene Korngott. Der Gott Napre scheint hingegen eine einfache Personifizierung des Getreides gewesen zu sein.

- P   Jungsteinzeit -

III 38. al)   Die Getreidesymbolik in der Jungsteinzeit

Die beiden wesentlichen weltanschaulichen Neuerungen in dieser Epoche waren die Benutzung von Analogien zur Strukturierung der Vielfalt und die Megalisierung, durch die die großen Dinge wie z.B. der Himmel durch bereits bekannte, kleinere Dinge, die für die damaligen Menschen auch einen bestimmten Wert hatten, beschrieben wurden.
Diese beiden Vorgänge, also die Analogiebildung und die Megalisierung, liefen parallel zueinander ab, wobei der Vorgang der Megalisierung (Weltenbaum, Erdgott, Himmelskuh, Sonnenauge u.ä.) recht bald abgeschlossen gewesen sein dürfte, da er nur auf wenige Phänomene in der Natur angewendet wurde.

Das wichtigste Gleichnis aller Ackerbaukulturen ist die Analogie zwischen Mensch und Getreide. Das Getreide als die neue Nahrungsquelle der Menschen, durch die sie sehr viel sicherer als vorher vor Hungersnöten waren und durch die sie in sehr viel größeren Gemeinschaften zusammenleben konnten, erforderte eine Beschreibung.

Da sich das Unbekannte nur mit dem bereits Bekannten beschreiben läßt, verglich man die Ackerbau-Vorgänge mit dem Leben des Menschen, woraus sich ein universelle Gleichnis ergab:

Getreide	Mensch
Aussaat	Zeugung
Keimen	Geburt
Wachsen	Leben, Wachstum
Ernten	Tod
Dreschen	Zerstückeln, Kannibalismus
Lagern	Aufenthalt im Jenseits
Aussaat	(Wieder-) Zeugung
Keimen	(Wieder-) Geburt
Bewässern	(Wieder-) Stillen

- P Indianer -

III 38. am)   Die Getreidesymbolik der Indianer

Bei den Indianern in Mittelamerika und im südlichen Nordamerika entwickelte sich dieselbe Symbolik in Bezug auf den Mais, da sich diese aus dem Vergleich des Schicksals von Menschen und Getreide fast zwangsläufig ergab.

> Die germanische Getreide-Symbolik ist recht komplex. An ihr sind mindestens elf Gottheiten beteiligt: Sif, Njörd, Freyr, Fjolne, Baldur, Hödur, Thor, Loki, Odin, Sceaf und Tyr.

Sceaf: Dieser Odins-Sohn und Ahnherr der dänischen Könige kommt als Jüngling mit einer Getreidegarbe und Waffen auf einem Boot zu den Dänen und verläßt sie nach seinem Tod wieder in einem Schiff. Er ist vermutlich der Vorgänger des Baldur und wird mit Tyr identisch sein, der in jedem Frühjahr nach seinem Sieg über Loki aus der Wasserunterwelt zurückkehrte und in jedem Herbst wieder von Loki getötet wurde und in die Unterwelt zurückkehrte. Sein Boot ist die Barke, in der sie Sonne, die den Sommer und somit auch das Getreide bringt, über den Himmel und durch die Unterwelt fährt.

Baldur/Loki/Hödur: Baldur (Tyr) ist der Sommer und somit auch das Getreide. Er wird von Loki/Hödur, die den Winter (Ragnarök) verkörpern, getötet und dann im Frühjahr wiedergeboren.

Sif/Loki: Ihr goldenes Haar ist das reife Getreide – das Haar/Getreide wird von Loki abgeschnitten und wächst im Frühjahr von den Tyr-Söhnen-Zwergen neu angefertigt aufs neue.

Aus Sif sind in den späteren Sagen die „wilden Frauen im Getreide" und die „Roggenmuhme" geworden.

Njörd, dessen Sohn Freyr und dessen Sohn Fjolne: Sie geben den Menschen gute Ernten, Fülle, Wohlstand und Freunde. Freyr hatte möglicherweise eine Getreideähre als Symbol. Am Erntefest wurde dem Freyr geopfert.

Thor: Thor war als Wettergott auch ein Gott der Fruchtbarkeit. Möglicherweise hat er diesen Schutz der Ernten z.T. von Freyr übernommen.

Odin: Er konnte das Getreide wachsen lassen und wurde mit Sensen und Schleifsteinen assoziiert. Möglicherweise hat auch er diesen Schutz der Ernten z.T. von Freyr übernommen.

Getreidemythe: Die ursprüngliche Getreidemythe könnte der Sonnengott-Göttervater Tyr gewesen sein, der im Frühling das Getreide aus der Unterwelt mitbrachte und im Herbst bei der Ernte durch Loki starb. In dieser Funktion wurde er Scearf („Garbe") genannt. Die Jahreszeiten-Symbolik des Tyr-Scearf wurde nach der Absetzung von Baldur übernommen. Loki teilt in der Baldur-Mythe seine Funktion mit Hödur.

Die Auffassung des Getreides als das goldene Haar der Göttin Sif wird unabhängig von der Tyr-Mythe bestanden haben. Auch in dieser Mythe ist Loki der Gott, der die Ernte und somit den Winter bringt.

Die drei Wanen Njörd, Freyr und Fjolne könnten sowohl „sterbende Korngötter" als auch wie Sif nur generelle Götter der Fruchtbarkeit gewesen sein.

Ger: Die Rune „Ger" war eine Getreide-Rune und ist möglicherweise in den Fruchtbarkeitszaubern für die Äcker verwendet worden. Es gibt allerdings keinerlei direkte Hinweise auf eine solche Verwendung, sodaß der Name „Ger" für „Gerste" auch lediglich deshalb als Name für diese Rune ausgewählt worden sein könnte, wiel „Gerste" ein wichtiges Wort, das mit „G" beginnt, war.

Die „Götter-Garbe": Es scheint ein Ritual gegeben zu haben, bei dem man eine Getreide-Garbe benutzte, die nicht geschnitten, sondern ausgerauft werden mußte – möglicherweise, um sie nicht zu „verletzen" und damit sie „lebendig" blieb.

- - -

Es lassen sich folgende magischen und mythologischen Motive den Jahreszeiten zuordnen:

Frühjahr (Keimen des Getreides):

- Der wiedergeborene Tyr-Sceaf kehrt mit der Korn-Garbe, die die Bauern im letzten Jahr für ihn stehen gelassen haben, in einem Boot zu den Menschen zurück. Diese Garbe durfte nicht geschnitten, sondern nur ausgerauft werden.
- Baldur wird wiedergeboren und kehrt zurück.
- Sif erhält ihr goldenes Haar-Getreide von den Zwergen aus der Unterwelt zurück.
- Njörd, Freyr und Fjolne schenken den Feldern und dem Vieh Fruchtbarkeit.
- Thor verleiht den Feldern Gedeihen.

Herbst (Ernte des Getreides):

- Loki tötet Tyr-Sceaf und Baldur, die auf einem Schiff ins Jenseits fahren.
- Auf dem Feld bleibt eine Garbe bleibt für die Götter, d.h. für Tyr/Sceaf stehen, der diese Garbe in seinem Schiff mit in die Unterwelt nimmt und sie im nächsten Jahr als das neu keimende Getreide wieder aus dem Jenseits (Erde, Unterwelt, Korn-Lager) in das Diesseits mit sich bringt.
- Loki schneidet Sifs goldenes Haar-Getreide ab.
- Odin ist ein Erntegott (?).

> Das Gleichnis zwischen dem Tod des Menschen und dem Ernten des Getreides sowie zwischen der Geburt des Menschen und dem Keimen des Getreides reicht bis zu den ersten Ackerbauern in der frühen Jungsteinzeit zurück.

III 39. Kräuter

In den Liedern und Sagas der Germanen werden nur selten Kräuter erwähnt.

III 39. a) Kormak-Saga

Der Wikinger Bersi trug einen Sieg- oder Glücksstein zusammen mit Kräutern in einem Beutel um den Hals bei sich – wie einen indianischer Medizinbeutel.

Solch ein Siegstein konnte auch geraubt werden – er war also eine keine Sieggarantie. Möglicherweise stammt diese Szene aus dem vermuteten ursprünglichen Motiv des Kampfes zwischen Tyr und Loki um diesen Stein.

Bersis Art zu schwimmen war das Brustschwimmen und bewegte seine Arme mit all seiner Kraft. Dabei war zu sehen, daß er einen Zauber um seinen Hals trug. Steinar schwamm zu ihm hin und ihm zerrte den Glücksstein mitsamt dem Beutel, in dem er sich befand, von seinem Hals und warf beides in das tiefe Wasser und sprach die Verse:

„Lange habe ich schon gelebt
und ich habe mich von den Göttern leiten lassen:
ich trug niemals einen braunen Beutel,
um das Glück zu mir zu holen.
Ich habe niemals um meinen Nacken
einen Beutel mit Kräutern geknotet,
um mich am Leben zu erhalten –
und siehe: Ich lebe!"

Da schwammen sie zum Ufer.

Diese Tat des Steinar ist Thords List gewesen, mit der Bersi sein Kampfglück verlieren sollte.
Thord ging bei Ebbe den Strand entlang und fand den Glücksstein und verbarg ihn.

III 39. b) Der hörnerne Siegfried

Die heilkräftige „Wurz" in diesem Lied scheint keine hölzerne Wurzel, sondern ein „Kraut" zu sein.

Siegfried der schlug mit Grimme / den Wurm wohl auf das Horn.
Er mocht nicht länger bleiben, / den Wurm zu schlagen vorn:
Er schlug ihn an der Seite / wohl auf ein hörnern Dach;
Jedennoch musst er leiden / vom Wurm groß Ungemach.

Er schlug das Horn so lange / mit seinem Schwerte gut;
Auch war des Drachen Hitze, / als wär geschürt die Glut
Mit einem Fuder Kohlen, / das plötzlich stünd in Brand:
Das Horn erweichte völlig / und kam herab gerannt.

Er hieb ihn voneinander / wohl in der Mitt entzwei:
Da fiel er von dem Steine / in Stücke mancherlei;
Dann stieß er mit den Füßen / das andre hinterdrein.
Wie schnell zu Siegfried eilte / das edle Mägdelein!

Er fiel vor großer Hitze / und wußt nicht, wo er war:
Vor Müdigkeit und Ohnmacht / war er des Sinns so bar,
Daß er nicht sah noch hörte, / kannt niemand auch zur Stund;
Sein Farb war ihm entwichen, / kohlschwarz war ihm der Mund.

Da er nach langem Liegen / sich wieder Kraft errang
Und aufrecht sitzen konnte, / sein Herzlieb sucht' er lang:
Da sah er sie dort liegen / so jämmerlich für tot.
Er sprach: „O Gott vom Himmel, / weh meiner großen Not!"

Er legt' sich ihr zur Seiten / und sprach: „Dass Gott erbarm!
Soll ich Dich tot heimführen!" / Er hob sie in den Arm.
Da kam das Zwerglein Eugel / und sprach zur selben Stund:
„Ich geb ein Kraut der Jungfrau, / so wird sie bald gesund."

Und da die edle Jungfrau   /   die Wurz zum Munde nahm,
Gleich saß sie wieder aufrecht,   /   indem sie zu sich kam.
Sie sprach: „Tu, werter Siegfried,   /   mit Deine Hilfe kund."
Da umhalste sie ihn lieblich   /   und küßt' ihn auf den Mund.

III 39. c)   Der Reisebericht des Ibn Fadlan

Bei der Bestattung gab man dem Toten u.a. Kräuter mit auf den Weg:

Dann brachten sie Alkohol, Früchte und Kräuter und legten sie neben ihn.

III 39. d)   Völsa-Thattr

In den Isländer-Sagas wird in der Völsa-Thattr berichtet, daß eine alte Frau den abgeschnittenen Penis eines toten Pferdes, der durch Kräuter einbalsamiert worden war, zusammen mit den anderen Hausbewohnern wie ihren Gott verehrt.

Dieses Kultsymbol wird aus der bereits beschriebenen Jenseitsreisevorstellungen stammen, aufgrund derer man bei einer Jenseitsreise ein Herdentier, d.h. ein Rind, Hirsch, Pferd, Schaf, Ziege oder Schwein opferte.

Der getrocknete und balsamierte Phallus wurde „Völsi" genannt, was „runder Stab" bedeutet. Das Wort an sich war neutral und findet sich z.B. auch in der Bezeichnung „Völva" („Stabträgerin") für „Seherin".

Gegen Ende eines Herbstes geschah es, daß das Zugpferd des Mannes starb. Das war sehr fett, und da heidnische Menschen Pferdefleisch als Nahrung verwendeten, wurde das Pferd zubereitet und verzehrt. Zu Beginn, als das Fell abgezogen wurde, schnitt der Knecht dem Pferd nur den Körperteil ab, den diese Art von Tieren gemäß ihrer Beschaffenheit zur Fortpflanzung benutzt, so wie andere Tiere, die sich untereinander vermehren. Wie die alten Dichter zeigen, heißt dieses Teil bei Pferden Vingul.

Es wäre gut denkbar, daß in älteren Fassungen dieser Geschichte, die bereits von einem christlichen Standpunkt aus stilistisch ins Groteske verschoben worden ist, der Tod des Pferdes ein Pferde-Opfer gewesen ist.

Am Herbstende, gab es ein größeres Opferfest – und zu dieser Zeit „starb" das Pferd.

Als der Knecht diesen abgeschnitten hatte und ihn neben sich auf den Boden werfen wollte, lief der Sohn des Bauern lachend hinzu, ergriff das Teil und ging damit in die Stube hinein. Dort waren seine Mutter, deren Tochter und die Magd. Er schüttelte den Vingul unter vielen Spöttereien in ihre Richtung und sprach eine Strophe:

*„Hier könnt ihr
den wackeren Vingul sehen,
der vom Pferde-Vater
abgeschnitten wurde.
Für Dich, Magd,
wäre dieser Völsi
zwischen deinen Schenkeln
gar nicht träge!"*

Die Magd brach in schallendes Gelächter aus, aber die Tochter des Bauern forderte ihn auf, dieses widerliche Ding hinauszutragen.
Die Alte stand auf, ging auf die andere Seite, nahm es ihm ab, und sagte, daß man nichts wegwerfen solle, was noch zu etwas gut sein könne. Sie ging nach vorne und trocknete den Vingul so sorgfältig wie möglich, wickelte ihn in ein Leintuch und legte Lauch und andere Kräuter dazu, so daß er nicht verrotten konnte, und legte ihn in ihre Truhe.
Den ganzen Herbst über nahm sie ihn jeden Abend heraus und wendete sich mit einem Gebet an ihn und glaubte, daß er ihr Gott sei und drängte alle übrigen in ihrem Haus dazu, auch diesem Götzendienst zu folgen. Durch die Kraft des Teufels wuchs er und wurde gestärkt, so daß er bei der Frau steif werden konnte, wenn sie es wollte.

Hier hört man deutlich die christliche Sichtweise auf diese Geschichte.

I 39. e)   Heimskringla

Es ist noch eine zweite Einbalsamierung mithilfe von Kräutern überliefert worden:

Odin zog mit einem großen Heer zu den Leuten aus dem Wanen-Land, aber sie waren gut vorbereitet und verteidigten ihr Land; daher war der Sieg wechselhaft und sie verwüsteten gegenseitig ihre Länder und verursachten große Schäden.
Schließlich waren beide dieses Kampfes müde und beide Seiten trafen sich, um einen Frieden auszuhandeln, einen Waffenstillstand zu vereinbaren und Geiseln

auszutauschen. Das Wanenland sendete seinen besten Mann: Njörd den Reichen und seinen Sohn Freyr.

Die Leute des Asenlandes sandten einen Mann, der Hone genannt wurde und den sie für einen sehr fähigen Häuptling hielten, da er ein sehr kräftiger und stattlicher Mann war, und mit ihm sandten sie einen Mann von großer Weisheit, den sie Mime nannten. Auf der anderen Seite sandten die Wanenland-Leute den weisesten Mann aus ihrer Gemeinschaft, der Kvase genannt wurde.

Nun, als Hone nach Wanenheim kam, wurde er sofort zu einem Häuptling ernannt, und Mime kam jederzeit mit gutem Rat zu ihm. Wenn Hone jedoch in den Thing-Treffen oder in anderen Versammlungen stand und Mime nicht in seiner Nähe war und ihm irgendeine schwierige Angelegenheit vorgelegt wurde, antwortete er immer auf dieselbe Weise: „Laßt nun andere ihren Rat geben."

Daher bekamen die Wanenland-Leute den Verdacht, daß sie bei dem Austausch von Männern betrogen worden seien. Deshalb ergriffen sie Mime, enthaupteten ihn und sandten seinen Kopf zu den Asenland-Leuten.

Odin nahm den Kopf, rieb ihn mit Kräuter ein, damit er nicht verweste und sang Zauberlieder über ihn. Dadurch gab Odin Mimes Haupt die Macht, daß er zu ihm sprach und ihm viele Geheimnisse erzählte.

„Mime" ist der ehemalige Sonnengott-Göttervater Tyr als der Riese Mimir in der Unterwelt.

„Hone" ist der schweigsame Ase Hönir, der die Verkörperung der Priester ist und auch selber rituelle Handlungen ausführt.

„Kvase" ist Kwasir, der personifizierte Göttermet.

Das Einbalsamieren des Kopfes des Mimir durch Odin, um dann über diesen Kopf dann weiterhin Kontakt zu Mimir haben zu können, geht auf eine Tradition zurück, die bis in den Ahnenkult der frühe Jungsteinzeit zurückreicht und auch bei den Indogermanen eine reiche Tradition hat. Odins Verhalten wird den Germanen daher nicht allzu seltsam vorgekommen sein und sie werden möglicherweise diesen alten Bestattungsbrauch, bei dem man das Haupt des Toten vom Rumpf trennte und aufbewahrte, zumindestens noch aus Erzählungen gekannt haben. Diese Totenköpfe der eigenen Eltern frug man dann in Krisenzeiten um Rat und lauschte innerlich auf die Antwort.

Odin erhält durch den sprechenden Kopf des Tyr-Mimir das gesamte Wissen des Tyr, der vor Odin der Göttervater der Nordgermanen gewesen ist – daher ist Tyr für Odin der wichtigste „sprechende Totenschädel" gewesen.

III 39. e)   Die Saga über Halfdan Brana-Ziehsohn

Sie sagte, daß das so sein solle, „und Du mußt von hier aus nach England segeln. Dort herrscht ein König, der Olaf genannt wird. Er hat eine Tochter, die Marsibil genannt wird. Es wird gesagt, daß sie die schönste aller Frauen in der Welt ist. Sie kennt alle Frauen-Künste und ich will, daß Du sie heiratest.

Du sollst Dich dort als Händler ausgeben und hier sind Kräuter, die ich Dir geben will. Gib sie der Königstochter und sie wird Dich lieben. Sie haben die Macht, daß sie Dich wie ihr eigenen Leben lieben wird, wenn sie sie unter ihren Kopf legt und auf ihnen schläft."

III 39. g)   Laukar

In den Runeninschriften taucht des öfteren das Wort „laukar" auf, das eigentlich „Lauch, Kraut" bedeutet, aber offenbar auch eine Art von Zauberwort ist.

III 39. h)   Neunkräuter-Zauberspruch

Erinnere Dich, Beifuss, was Du verkündet hast,
was Du bekräftigt hast bei der Verkündung vor Gott.
„Eines" heißt Du, ältestes Kraut.
Du hast Macht gegen 3 und gegen 30,
Du hast Macht gegen Gift und gegen das Heranfliegende,
Du hast Macht gegen das Übel, das über Land fährt.

   Heranfliegendes = Krankheit (Infektion)

Und Du, Wegerich, der Kräuter Mutter,
nach Osten geöffnet, im Innern mächtig;
über Dir knarrten Wagen, über Dir weinten Frauen,
über Dir schrien Bräute, über Dir schnaubten Stiere.
Allen hast Du widerstanden, und Dich widersetzt;
ebenso widerstehe dem Gift und dem Heranfliegenden
und dem Übel, das über Land fährt.

Schaumkraut heißt dieses Kraut, es wuchs auf dem Stein;
es steht gegen Gift, es widersetzt sich dem Schmerz.
„Stark" heißt es, es widersetzt sich dem Gift,
es verjagt den Feind, wirft das Gift hinaus.
Dies ist das Kraut, das gegen die Schlange focht,
dies hat Macht gegen Gift, es hat Macht gegen das Heranfliegende,
es hat Macht gegen das Übel, das über Land fährt.

Vertreibe Du nun, Heilziest, Du kleineres Kraut das größere Gift,
Du größeres Kraut das kleinere Gift, bis er von beiden genesen ist.

Erinnere Dich, Kamille, was Du verkündet hast,
was Du entgegnet hast bei der Erschaffung;
daß niemals jemand durch etwas Herangeflogenes das Leben verliere,
nachdem man ihm Kamille zur Speise bereitet habe.

Dies ist das Kraut, das Nessel heißt;
das entsandte der Seehund über den Rücken der See
zur Hilfe gegen die Bosheit von einem anderen Gift.
Es steht gegen Schmerz, widersetzt sich dem Gift,
es hat Macht gegen 3 und gegen 30,
gegen die Hand des Feindes und gegen unheilvolle Machenschaften,
und gegen Behexung gemeiner Wesen.

    Der Seehund ist der Bote der Wasserunterwelt.

Dort sprach der Apfel gegen das Gift,
... ...
... ...
... ...

Kerbel und Fenchel, zwei sehr Mächtige,
diese Kräuter schuf der weise Herr,
der Heilige im Himmel, als er hing;
setze und sandte sie in 7 Welten
den Armen und Reichen, allen zur Hilfe.

    Der „Hängende" ist entweder Odin oder Christus.

Diese 9 (Kräuter) haben Macht gegen neun Gifte.
Eine Schlange kam gekrochen, zerriß einen Menschen;
da nahm Wodan 9 Zauberzweige,
erschlug da die Natter, daß sie in 9 Stücke zerbarst.
daß sie niemals mehr ins Haus kriechen wollte.

Das angelsächsische Wort „wuldor", das hier mit „Zauberzweig" (Runenstab) übersetzt worden ist, bedeutet wörtlich „Ruhm, Strahlen, Göttliches, Himmlisches, Mächtiges, Zauber".

Nun haben diese 9 Kräuter Macht gegen neun mächtige Heranfliegende,
gegen 9 Gifte und gegen neun ansteckende Heranfliegende,
gegen das rote Gift, gegen das stinkende Gift,
gegen das weiße Gift, gegen das purpurne Gift,
gegen das gelbe Gift, gegen das grüne Gift,
gegen das bleiche Gift, gegen das blaue Gift,
gegen das braune Gift, gegen das karminrote Gift,
gegen Schlangenblattern, gegen Wasserblattern,
gegen Dornblattern, gegen Distelblattern,
gegen Eisblattern, gegen Giftblattern,
wenn irgendein Gift kommt von Osten geflogen,
oder irgendeins von Norden ... ...
... ... (Süden?) ... ... kommt
oder irgendeins von Westen über die Menschheit.
Christus steht über Krankheiten jeder Art.
Ich allein weiß ein rinnendes Wasser
das neun Nattern in seiner Nähe bewachen;
mögen alle Kräuter nun von ihren Wurzeln aufspringen,
die Seen sich öffnen, all das Salzwasser,
wenn ich dieses Gift von Dir blase.

Beifuss, Wegerich der nach Osten offen ist, Schaumkraut, Heilziest, Kamille, Nessel, Wildapfel, Kerbel und Fenchel, alte Seife.
Stoße die Kräuter zu Staub, vermenge sie mit der Seife und mit dem Saft des Apfels. Mache einen Brei aus Wasser und aus Asche, nimm Fenchel, koche ihn in dem Brei und erwärme es mit Ei-Gemisch, wenn Du die Salbe auftust, sowohl vorher als nachher. Singe diesen Zauberspruch 3 mal über jedem dieser Kräuter, bevor Du sie bearbeitest und über dem Apfel ebenso; und singe dann dem Mann in den Mund und in beide Ohren und auf die Wunde den gleichen Zauberspruch, bevor Du die Salbe auftust.

III 39. i) Jakob Grimm: Deutsche Mythologie

Geisterhafte wesen konnten in nähere und vertrautere lage zu den menschen versetzt werden; ein ganzes elbisches geschlecht bindet seine schicksale nachbarlich an das heil oder unheil eines menschlichen, hausgeister widmen sich dem dienst eines menschen, dem sie mit eigensinniger, überlästiger treue anhängen; allein diese zuneigungen werden weder durch förmlichen bund hervorgebracht noch sind sie dem menschen gefährlich. ein gleich zartes unschuldiges verhältnis besteht zwischen ihm und seinem angebornen schützenden folgegeist.

In bildung ihrer eigennamen sind die teufel der hexen den elben und kobolden so auffallend ähnlich, daß man kaum etwas anders annehmen darf, als daß fast alle teufelsnamen dieser art aus älteren volksmäßigen benennungen jener geister entsprungen sind. eine samlung solcher namen, die ich aus den hexenprocessen geschöpft habe, wird uns willkommne aufschlüsse über den alten elbischen haushalt selbst gewähren.

Manche sind von heilkräftigen kräutern und blumen entnommen und sicher aus einer schuldlosen, keiner teuflischen phantasie hervorgegangen: Wolgemut (origanum), Schöne (bellis minor, tausendschön), Luzei (aristolochia), Wegetritt (plantago), Blümchenblau (vergleiche die wunderblume), Peterlein (petersilie); gerade so heißen in Shakespeares sommernachtstraum zwei feen Peaseblossom (erbsenblüte) und Mustardseed (senfsame).

Gleich anmutige werden dem waldleben der geister entlehnt: Grünlaub, Grünewald, Lindenlaub, Lindenzweig, Eichenlaub, Birnbaum, Birnbäumchen, Rautenstrauch, Buchsbaum, Hölderlin (Holder, hollunder), Kränzlein, Springinsfeld, Hurlebusch, Zumwaldfliehen; grüngekleidet, gleich dem teufel erscheinen die schottischen elbe, die nordischen huldre; laub und kränze musten bei den alten opfern wie beim zauber vielfach vorkommen, zumal auf eichenlaub sind die hexen angewiesen und brauchen es zum wetterbrauen.

Es wurde in den Mythen und Sagen nicht genau zwischen Wurzeln und Kräutern unterschieden.

Manche Wikinger trugen Kräuter und einen Siegstein in einem „Medizinbeutel" um ihren Hals. In diesem Zusammenhang werden die Kräuter eine magische Funktion gehabt haben.

Man mischte Kräuter zu Salben und rief dabei die Kräuter wie bewußte Wesen an. Vermutlich wird man auch die Geister der Kräuter, die man in den „Medizinbeutel" legte, beim Sammeln dieser Kräuter angerufen haben.

Die Tradition der Kräuteranrufungen scheint zumindestens bis in die Zeit der

Bennung der Runen um ca. 100 n.Chr. zurückzureichen, da die „L"-Rune den Namen „laukar", was „Lauch, Kraut" bedeutet, erhalten hat. Das Wort „laukar" hat in den Runeninschriften anscheinend eine schützende oder anrufende Funktion und erscheint mehrfach zusammen mit dem Zauberwort „alu", das „heilig, Tempel" bedeutet.
Man gab auch den Toten auch Kräuter mit ins Jenseits.

Die Germanen sahen Kräuter als beseelte Lebewesen an, mit denen man sprechen und die man zu Hilfe rufen konnte.

III 40. Gewöhnliche Kreuzblume

Diese Blume wurde „Freya-Haar" genannt.

III 41. Kreuzkraut

Es ist unklar, ob diese Pflanze jemals eine mythologische Bedeutung besessen hat, da nur christliche Themen erhalten geblieben sind.

III 41. a) Jacob Grimm: Deutsche Mythologie

Angelsächsisch ragu, englisch ragwort (Kreuzkraut). glosse mosicum, mossiclum, vielleicht mosylicum. sonst ist ragu robigo. Lye hat noch Cristes maeles ragu, Christi crucis mosicum, herba contra ephialten valens. Schubert: ragwurz orchis.

Es ist keine vorchristliche Verwendung dieses Krautes in Kult oder Magie bekannt.

III 42. Lauch

Dies Pflanze ist vor allem als das altnordische Zauberwort „laukar" bzw. das germanische „laukaz" von Bedeutung.

III 42. a) Das Wort „laukar"

Die Rune mit diesem Namen symbolisiert das Wasser und den Lauch. An den Stellen, an denen sie auftaucht, soll sie anscheinend Schutz und Gelingen bringen.

Der Ursprung dieser Assoziation zu „laukaz" ist die Gleichsetzung des Lauches mit dem Penis. In der altnordischen, der angelsächsischen und auch noch der mittelalterlichen Medizin finden sich viele Hinweise auf diese Bedeutung, die jedoch vor allem in christlichen Kontexten zunehmend unspezifischer als „vitalisierend" beschrieben wurde.

Konrad von Megenberg schrieb um ca. 1320 in seinem „Buch der Natur" über den Lauch: *„Er fördert den Urin und die Intimität mit den Frauen und er bringt Mangel an Keuschheit und vor allem Samen."*

Auch Sigurd wurde im zweiten Gudrun-Lied als *„wie grüner Lauch aus der Wiese gewachsen"* umschrieben – was sich am besten als „potenter, starker Jüngling" deuten läßt.

In dem angelsächsischen „Herbarium", das um ca. 150 n.Chr. von Apuleius von Madaurus verfaßt worden sein soll, wird ein Kraut mit dem lateinischen Namen „satyrion" („Satyr-Kraut"), das im angelsächsischen „Raben-Lauch" genannt wird, wie folgt beschrieben: *„Dies ist das Kraut, das einige 'temolum' und andere 'sengreen'* (Haus-Lauch) *nennen ... ... und seine Wurzel ist voll von Sünde und Übel, ähnlich wie die Wurzel des Lauches."*

Die Satyrn in der griechischen Mythologie waren für ihre Lüsternheit bekannt.

Die Inschriften, die das Zauberwort „laukar" benutzen, sind oft recht schlicht. Ein Beispiel dafür ist die Inschrift auf dem Brakteat von Börringe: *„Omen – Magie – Lauch".*

> Der Lauch ist ein Symbol für Potenz, Wachstum und Gedeihen.
> „Lauch" im Sinne von „Kräuter" erscheint in vielen Zaubersprüchen, Runeninschriften und ähnlichem – was jedoch letztlich nur besagt, daß im Kult und in der Magie Kräuter verwendet wurden …

III 43. Löwenmäulchen

Oregano („doste") und Löwenmäulchen („dorant") erscheinen möglicherweise nur wegen ihres gleichen Anfangsbuchstabens gemeinsam.

III 43. a) Jacob Grimm: Deutsche Mythologie

Zwei kräuter stehn in der formel alliterierend neben einander: doste und dorant (origanum, antirrhinum). althochdeutsch dosto, der echte ausdruck für das, was wir jetzt wilden majoran, thymian nennen oder wolgemut, böhmisch dobrámysl. für dorant kommt auch vor orant, nach einigen soll es nicht antirrhinum, vielmehr marrubium sein, althochdeutsch gotfargezzan. vor beiden kräutern fliehen wichtel und nixen; darum heißt es: ›hättestu nicht dorant und dosten, wollt ich dir das bier helfen kosten!‹ ›heb auf dein gewand, daß du nicht fallest in dosten und dorand!‹ ›stoß mir nicht an den durant, sonst kommen wir nimmer in unser vaterland‹.

> Löwenzahn schützte zusammen mit Oregano vor Wichten und Nixen.

III 44. Mangold

Über die Mythen dieser alten Gemüsepflanze lassen sich nur aus ihrem Namen Rückschlüsse ziehen.

III 45. a) Jacob Grimm: Deutsche Mythologie

Auch Mangold lapathum ziehe ich auf den uralten namen der riesin, welche gold malen konnte.

> „Mangold" stammt von dem Beinamen „Menglöd" der Göttin Freya ab, der „die sich ihres Halsreifs Brisingamen erfreut" bedeutet.
> Da Freya als Menglöd eine Jenseitsgöttin ist, und die Jenseitsgöttinnen zugleich Erdgöttinnen waren, könnte Freya-Menglöd analog zu der Korngöttin Sif auch eine Göttin der Wiedergeburt der Gemüsepflanzen im Frühjahr gewesen sein.

III 45. Märzviole

Diese Blume ist auch unter dem Namen „Märzveilchen" und „Eisenhut" bekannt.

III 45. a) Jacob Grimm: Deutsche Mythologie

Aus Magns lexicon hole ich aber noch einige andere merkwürdige pflanzennamen nach. die viola Martis, französisch violette de Mars, heißt in Island Týsfiôla, Týrsfiôla, was baare übersetzung des lateinischen namens scheint, der weniger den gott als den monat ausdrückt, neuhochdeutsch merzviole. wichtiger ist das norwegische Tyrihialm (Tyris galea) oder Thoralm, Thorhialm (Thori galea), Thorhat (Thori pileus) für aconitum, wozu das neuhochdeutsche eisenhütlein, schwedisch und dänisch stormhat (sturmhut) stimmt, es scheint einer ähnlichkeit der blumengestalt mit dem helm oder hut abgesehn: die pflanze heißt aber auch wolfskraut, dänisch ulveurt, englisch wolfbane, dänisch ulvebane, ulvedöd, was sich auf Týrs kampf mit dem wolf deuten und wiederum mit jenem wolfsbast, garou vergleichen läßt, da auch andre benennungen zwischen daphne und aconitum schwanken. ja wolfsbast darf an die dem Fenrisulfr angelegte fesseln läding (dänisch leding), dromi und gleipnir gemahnen.

Noch ein name für daphne wurde schon angegeben: Wielandsbeere, neben dem nordischen Velandsurt für den heilkräftigen baldrian (die valeriana), so daß die deutung wieder auf einen der größten helden unsers alterthums führt, dessen vater der heilkundige Wate war.

Die Märzviole wurde als Helm des Tyr und später des Thor, der nach der Absetzung des Tyr als Göttervater einen Teil von dessen Symbolik übernahm, aufgefaßt.

Auch der Bezug zu Fenrir, der einst die Gestalt des Tyr als Wolfskrieger („Ulfhedinn") und später die seines Feindes gewesen ist, sowie die Verbindung zu Wieland (Tyr als Schmied im Jenseits) sprechen für eine Verbindung mit dem ehemaligen Göttervater Tyr.

Die blaue Farbe der Blume könnte mit dem blauen Mantel der vornehmen Germanen assoziiert worden sein, den möglicherweise einst auch Tyr getragen hat.

Als Frühlingsblume könnte das Veilchen schließlich die Rückkehr des Sonnengott-Göttervaters Tyr aus dem Jenseits dargestellt haben.

III 46. Mehlbeere

Bei diesem Strauch gibt es verschiedene Meinungen dazu, um welche Pflanze es sich genau handelt – ob es die Mehlbeere oder die Eberesche oder noch ein andere gewesen ist. Es ist jedoch recht sicher, daß es sich eine Strauchpflanze handelt.

Der altnordischer Name „reynir" dieser Pflanze geht über das urnordische „raudnia" und das germanische „raudaz" auf das indogermanische „reudh" zurück. Diese drei Vorgänger des altnordischen „reynir" bedeuten allesamt „rot". „Reynir" ist also eine Pflanze, an der sich etwas auffälliges Rotes befindet – mit einiger Wahrscheinlichkeit die Ebereschenbeeren (Sorbus aucuparia) oder die ihr sehr nach verwandte Echte Mehlbeere (Sorbus aria).

III 46. a) Jacob Grimm: Deutsche Mythologie

Die sorbus (Mehlbeere) *heißt altnordisch reynir, schwedisch rönn, dänisch rönne: es ist ein heiliger strauch, weil ihn Thôrr im strom faßte und sich daran hielt, weshalb gesagt wird: ›reynir er biörg Thôrs‹ sorbus auxilium Thori est.*

Noch heute glaubt man in Schweden, daß ein stab von diesem rönn gegen zauber sichere, und am schif hat der gemeine mann gern irgend etwas von rönnholz gemacht, zum schutz gegen sturm und wassergeister, flögrönn dient zu geheimen künsten.

Das Holz des Mehlbeerstrauches sollte ähnlich der Eberesche gegen Zauber schützen. Es half Thor, den Jenseitsfluß zu überqueren und es half den Schiffern, sich gegen Sturm zu schützen. Dieser Strauch scheint somit mit dem Jenseitsfluß assoziiert gewesen zu sein.

Möglicherweise gab es einen Zusammenhang zu Ullrs Runen-beschriebenen Knochen, den er als Schiff benutzen konnte. Es wäre auch denkbar, daß die Gerüste, auf denen die Seherinnen saßen und auf denen Magie betrieben wurde, zum Teil aus dem Holz dieses Strauches bestanden haben, da auch diese Gerüste sozusagen „Jenseitsfahrt-Schiffe" gewesen sind.

III 47.   Mehltau

III 47. a)   Wafthrudnir-Lied

Der Mehltau ist eine als weißliche Schicht erkennbare Blattkrankheit vieler Pflanzen, die durch mehrere Pilzarten verursacht werden kann.

Dieser Mehltau wird als der Schaum vom Maul des Rappen Hrimfaxi angesehen, der den Wagen der Nacht zieht.

Dies wird im Wafthrudnir-Lied berichtet:

Wafthrudnir (Tyr-Riese):
„Sage denn, so Du es auf dem Flur versuchen willst,
Gangrad, Dein Glück,
Den Namen des Rosses, das die Nacht bringt von Osten
Den waltenden Wesen?"

Gangrad (Odin):
„Hrimfaxi heißt es, das die Nacht herzieht
Den waltenden Wesen.
Mehltau fällt ihm am Morgen vom Gebiß
Und füllt mit Tau die Täler."

> Die Blattkrankheit „Mehltau" wird als der hergefallene Schaum vom Maul des Rappen Hrimfaxi angesehen, der den Wagen der Nacht zieht.

III 48. Mistel

Die Mistel ist vor allem der „Todeszweig" des Baldur. Dies ist jedoch nur die eine Seite der Mistel-Symbolik, denn als immergrüne Pflanze war sie auch ein Symbol für die Wiedergeburt des Baldur nach dem Ragnarök, der ursprünglich der Winter, also die Zeit des toten „Sommergottes" Baldur im Jenseits gewesen ist.

III 48. a) Der Seherin Ausspruch

Dieses Lied ist möglicherweise die älteste Schilderung der Baldur-Mistel.

Ich sah dem Baldur dem blühenden Opfer,
Odins Sohne, Unheil drohen.
Gewachsen war über die Wiesen hoch
Der zarte, zierliche Zweig der Mistel.

Von der Mistel kam, so dauchte mich
Häßlicher Harm, da Hödur schoß.
(Baldurs Bruder, war kaum geboren,
Als einsichtig Odins Erbe zum Kampf ging.)

III 48. b)   Gylfis Vision

Aber als Loki, Laufeyjas Sohn, das sah, da gefiel es ihm übel, daß den Baldur nichts verletzen sollte. Da ging er zu Frigg nach Fensal in Gestalt eines alten Weibes. Da frug Frigg die Frau, ob sie wüßte, was die Asen in ihrer Versammlung vornähmen.
   Die Frau antwortete, daß sie alle nach Baldur schossen; ihm aber nichts schade.
   Da sprach Frigg: „Weder Waffen noch Bäume mögen Baldur schaden: ich habe von allen Eide genommen."
   Da frug das Weib: „Haben alle Dinge Eide geschworen, Baldurs zu schonen?"
   Frigg antwortete: „Östlich von Walhall wächst eine Staude, Mistel genannt, die schien mir zu jung, sie in Eid zu nehmen."
   Darauf ging die Frau fort; Loki nahm den Mistelzweig, riß ihn aus und ging zur Versammlung. Hödur stand zuäußerst im Kreise der Männer, denn er war blind. Da sprach Loki zu ihm: „Warum schießt Du nicht nach Baldur?"
   Er antwortete: „Weil ich nicht sehe, wo Baldur steht; zum anderen hab ich auch keine Waffe."
   Da sprach Loki: „Tu doch wie andere Männer und biete Baldur Ehre wie alle tun. Ich will Dich dahin weisen wo er steht: So schieße nach ihm mit diesem Reis."
   Hödur nahm den Mistelzweig und schoß nach Baldur nach Lokis Anweisung. Der Schuß flog und durchbohrte ihn, daß er tot zur Erde fiel, und das war das größte Unglück, das Menschen und Götter je traf.

Loki stiftete den Gott Hödur dazu an, ungewollt seinen Bruder mit einer Mistel zu erschießen, was letztlich den Ragnarök verursachte, der die Umdeutung des Winters zu einem einmaligen, großen Ereignis ist. Die bekannteste Umdeutung dieser Art ist die Sintflut, die aus den jährlichen Überschwemmungen der Flüsse in den frühen Ackerbaukulturen entstanden ist.
   Die immergrüne Mistel ist somit sehr wahrscheinlich ursprünglich ein Symbol für Rückkehr des Frühlings nach dem Winter gewesen. Das Grün der Mistel war vermutlich ein Symbol der Hoffnung dafür, daß die spätherbstliche Jenseitsreise des Göttervaters kein endgültiges Ende der Vegetation bedeutet.
   Später ist die Mistel dann zu der Ursache des Todes des Sommers und somit des Gottes Baldur umgedeutet worden. Diese Form der Umdeutung ist in den meisten

Mythologien das Schicksal fast aller Wesen und Dinge gewesen, die mit dem Tod assoziiert worden sind.

III 48. c)   Fiölswin-Lied

Im Fiölswin-Lied wird berichtet, daß die Mistel, aus der Loki den Pfeil fertigte, mit dem Baldur von Hödur getötet wurde, am Tor zur Unterwelt wuchs:

Fiölswin (Odin):
„Häwatein heißt der Zweig, Lopt hat ihn gebrochen
Vor dem Totentor.
In eisernem Schrein birgt ihn Sinmara
Unter neun schweren Schlössern."

„Häwatein" bedeutet „treffender Zweig" – damit ist die Mistel gemeint, die Baldur tötete.
„Lopt" ist Loki.
„Sinmara" ist Die Riesin Hel – wie man schon an dem „Totentor" und an den „9" Schlössern erkennen kann.

III 48. d)   Gautreksaga

Die folgende Szene erweckt den Eindruck, als ob sie aus einer Einweihungszeremonie stammen könnte, die einen symbolischen Tod als wesentliches Element enthalten hat. Es ist natürlich auch eine Herkunft aus der Baldur-Mythe denkbar, da auch dort niemand außer Loki die Gefährlichkeit des Mistelzweiges vorhersehen konnte. Beide Deutung schließen einander natürlich nicht aus.

Dann erhob Starkad (Tyr) *den Zweig gegen den König und sagte: „Nun übergebe ich Dich dem Odin." Dann warf Starkad den Zweig. Der Zweig wurde zum Speer und durchbohrte den König.*

III 48. e) Kenningar

Die folgenden Kenningar gehen alle von dem Mistelzweig aus, durch den Baldur getötet worden ist.

Hödur	*Werfer des Mistelzweiges*		Snorri Sturluson	Skaldskaparmal
Speer	*Zweig der Gefallenen*		Thjodolfr von Hvini	Ynglingatal
Speer	*Leichen-Zweige*		Thjodolfr Arnorsson	Sexstefja
Blut	*Weizen der Leichen-Zweige*	Weizen = Nahrung (Raben und Wölfe trinken Blut)	Thjodolfr Arnorsson	Sexstefja

III 48. f) Personennamen

Es gab einen Personennamen, der auf den Mistelzweig als Baldurs Verhängnis anspielte. Er lautete „Benteinn" oder „Beinteinn", was „Todeszweig" bedeutete. Davon leitete sich die weibliche Form „Bentine" ab. Mit diesem Todeszweig ist vermutlich ein Speer gemeint – „Benteinn" ist also ein Speer-Kämpfer.

III 48. g) Die Wolfdietrich-Saga

In diesem Heldenlied ist die todbringende Mistel zu einer schlafbringenden Wurzel geworden:

Durch den Wald entführte / die schöne Frau der Zwerg,
Bis wo ein schöner Brunnen / sprang aus einem Berg.
Er legt' ihr an die Kappe, / eine Wurzel in den Mund,
Und führte durch den Brunnen / sie in der Erde Grund.

III 48. h)   Der hürnene Siegfried

In diesem Lied findet sich eine Wurzel, die für die Jungfrau, die von dem Drachen gefangengehalten wurde, heilsam ist: Die Wurzel holt die Jungfrau aus dem Reich des Drachen, also aus dem Jenseits zurück in das Diesseits.

In dieser „Wurzel" hat sich die ursprüngliche Bedeutung der immergrünen Mistel erhalten: die Hoffnung auf eine Wiedergeburt und auf ein Ende des Winters.

Er legt' sich ihr zur Seiten / und sprach: „Dass Gott erbarm!
Soll ich dich tot heimführen!" / Er hob sie in den Arm.
Da kam das Zwerglein Eugel / und sprach zur selben Stund:
„Ich geb ein Kraut der Jungfrau, / so wird sie bald gesund."

Und da die edle Jungfrau / die Wurz zum Munde nahm,
Gleich saß sie wieder aufrecht, / indem sie zu sich kam.
Sie sprach: „Tu, werter Siegfried, / mit Deine Hilfe kund."
Da umhalste sie ihn lieblich / und küßt' ihn auf den Mund.

III 48. i)   Die Saga über Hromund Greipsson

Der Name des Schwertes „Mistelzweig" offensichtlich auf die Baldur-Mythe an. Es ist zudem ein Schwert, das aus der Unterwelt (Hügelgrab) und später auch noch einmal aus dem Meer zurückkehrt und somit auch dem Schwert des Tyr entspricht.

Siehe dazu auch das Kapitel „Schwert" in Band 66.

Hromund befreite sich, ergriff das Schwert und sprach: „Nun sag' mir, wieviele Männer Du im Zweikampf mit dem Schwert 'Mistelzweig' erschlagen hast."

„Hundertundvierundvierzig," sprach der Geist, „und ich habe niemals einen Kratzer erhalten. Ich habe mein Können mit König Seming von Schweden gemessen und er war der Ansicht, daß es sehr lange dauern würde, mich zu besiegen."

III 48. j)   Jakob Grimm: Deutsche Mythologie

Das mag celtischer und römischer brauch gewesen sein, die „strenae ineunte anno" werden von Sueton erwähnt, und bekannt ist das „aguilanneuf", ein freudenschrei, zum pflücken der heiligen mistel auffordernd.

... ...
Namentlich galt der mistel für heilig, den man vom himmel auf die äste andrer hehrer bäume, zumal der eiche und esche, niedergefallen wähnte. althochdeutsch mistil (nicht weiblich mistila), mittelhochdeutsch mistel, jâmers mistel.

Mit einem zweige dieses krauts wurde Baldr erschossen: als Frigg allen pflanzen eide abgenommen hatte, war es ihr noch zu jung erschienen: vex viðar teinûngr einn fyrir austan Valhöll, sâ er Mistilteinn kallaðr, sâ þótti mer ûngr at krefja eiðsins.

*stôð umvaxinn völlom hærri
mior ok miök fagur Mistilteinn,*

Hoch über das feld hinaus stand gewachsen der zarte schöne mistelstab; teinn ist der aufgeschoßne ast, gothisch táins, althochdeutsch zein, und man dürfte ein gothisches mistilatáins, althohcdeutsch mistilzein annehmen. wird nun ein angelsächsisches mistiltâ angegeben, so kann es leicht aus mistiltân verderbt sein, dessen übereinkunft mit dem eddischen mistilteinn willkommen und wichtig wäre; doch läßt sich auch tâ zehe hören, und scheint durch das englische misseltoe bestätigt.

In Schweden soll die immergrüne parasitpflanze gewöhnlich einen oder zwei fuß, aber auch bis zu drei ellen hoch aufwachsen. Man führt an, daß sie in Vestergötland vespelt heiße, heiliger spelz, triticum sacrum. ein kraut, von dem der tod eines der größten, geliebtesten götter abhing, muß für hochheilig erachtet worden sein, doch seine heiligkeit war wiederum deutschen und celtischen völkern gemein.

... ...
Auch bei uns heißt eine drossel der mistler (mittelhochdeutsch mistelœre?), englisch misselbird, und das wegtragen des samens durch vögel steigert in andern unsrer mythen die heiligkeit des frischen gewächses; es ist dann keine menschenhand im spiel und die göttliche fügung offenbar. Viscum ist das französische gui, und noch bis auf heute hat sich die verehrung des krauts in dem freudenruf aguilanneuf erhalten. in Wales pflegt man zu weihnachten den mistel über den thüren aufzustecken, er heißt nach Davies pren awyr (der lustige baum), pren uchelvar (baum des hohen gipfels), pren puraur (baum des reinen golds) und die zweite benennung erinnert an das eddische völlum hærri. sonst aber wird das welsche olhiach, bretagnisch ollyiach, irisc. uileiceach, gallisch uileice, d. h. allheilend, von ol, uile universalis, als benennung des mistels angegeben.

Ein bretagnisches lied (barzas breiz) läßt den Merlin frühmorgens den hohen ast auf der eiche (warhuel, huelvar ann derwen) holen. Unsre alten kräuterbücher unterscheiden eichenmistel, heselinmistel und birnbäuminmistel und keine darf die erde berühren; einige hängen sie in silber gefaßt kindern um den hals.

Im preußischen Samland heißt der mistel wispe (was dem viscum, gui gleicht, doch verwechselt man auch sonst mistel mit mispel); an birken, kirschen, linden ist sie häufig, selten und wunderbar an haseln. sie wächst schnurstracks aus dem stamme, und trägt zwischen den glatten immergrünen weidenartigen blättern silberweiße beeren, wie kleine nüsse oder wie erbsen. wo die hasel wispen hat ist sicher ein schatz verborgen. Bei den Slaven finde ich die namen böhmisch melj, gmelj, omeli, russisch omela, litthauisch amalai, lettisch ahmals, doch keine sagen.

... ...

Glückskind war Fortunat, dem in einem bretagnischen wald Fortuna erscheint und ein gefeites seckel schenkt, der auch das wünschhütlein (souhaitant chapeau), den tarnhut, durch dessen aufsetzen man augenblicklich an fernen ort verschwinden kann, erwirbt. offenbar ein hut des Wunsches oder Wuotans, ein federhut Hermes des gebers alles guten, aller sælde. merkwürdig: ›sô decket uns der Sælden huot, daz uns dehein weter selwen mac‹. Den immer vollen seckel halte ich zum füllhorn der göttin: ›mundanam cornucopiam Fortuna gestans‹ und ›formatum Fortunae habitum cum divite cornu‹, zum horn der Amalthea, oder Svantovits, ja zu dem κέρας σωτηρίας. An die wünschelruthe aber erinnert die synonyme benennung ›alles heiles ein wünschel-rîs‹ (Wunsch-Zweig = Mistel?); *›des Wunsches bluome‹* (Wunsch-Blume).

III 48. k)   Plinius

Plinius der Ältere (23-79 n.Chr.) berichtet in Anlehnung an Pomponius Mela, der um 43-44 n.Chr. eine Beschreibung der damals bekannten Welt verfaßt hat, folgende Schilderung der Mistel:

Bei dieser Gelegenheit darf man auch nicht die Bewunderung der gallischen Provinzen (für die Mistel) übergehen. Denn nichts halten die Druiden, so nennen sie ihre Magier, für heiliger als die Mistel und den Baum, auf dem sie wächst, sofern es nur eine Stein-Eiche ist. Sie wählen an sich schon die Eichen-Haine aus und verrichten kein Opfer ohne das Laub dieses Baumes ... Ja, sie glauben, alles, was an den Eichen wächst, sei vom Himmel gesandt, und sehen dies als einen Beweis an, daß die Gottheit selbst sich diesen Baum erwählt habe.

Man findet aber die Mistel in Gallien sehr selten; und hat man sie gefunden, so wird sie mit großer Ehrfurcht abgenommen, vor allem am sechsten Tag des Mondes, der bei ihnen den Anfang der Monate und Jahre und nach 30 Jahren einen neuen Zeitabschnitt bildet, ein Tag, an dem der Mond schon genügend Kräfte hat und noch nicht halbvoll ist.

Sie nennen die Mistel in ihrer Sprache 'die alles Heilende'. Sie bereiten nach ihrer Sitte das Opfer und das Mahl unter dem Baum und führen zwei weiße Stiere herbei, deren Hörner da zum ersten Mal umwunden werden. Der Priester, bekleidet mit einem weißen Gewand, besteigt den Baum und schneidet die Mistel mit einer goldenen Hippe ab: Sie wird mit einem weißen Tuch aufgefangen.

Endlich schlachten sie dann die Opfertiere und bitten die Gottheit, sie möge die Gabe glückbringend machen für diejenigen, denen er sie gab. Sie glauben, ein von diesem Gewächs bereiteter Trank mache ein jedes unfruchtbares Tier fruchtbar; auch sei es ein Hilfsmittel wider alle Gifte. Soviel Verehrung bezeugen oft ganze Völker den gewöhnlichsten Dingen.

In Britannien wuchs zu der damaligen Zeit nur die giftige Weißbeerige Mistel, aber nicht die Eichenmistel.

Vermutlich ist die immergrüne Mistel ein Symbol der Wiedergeburt gewesen.

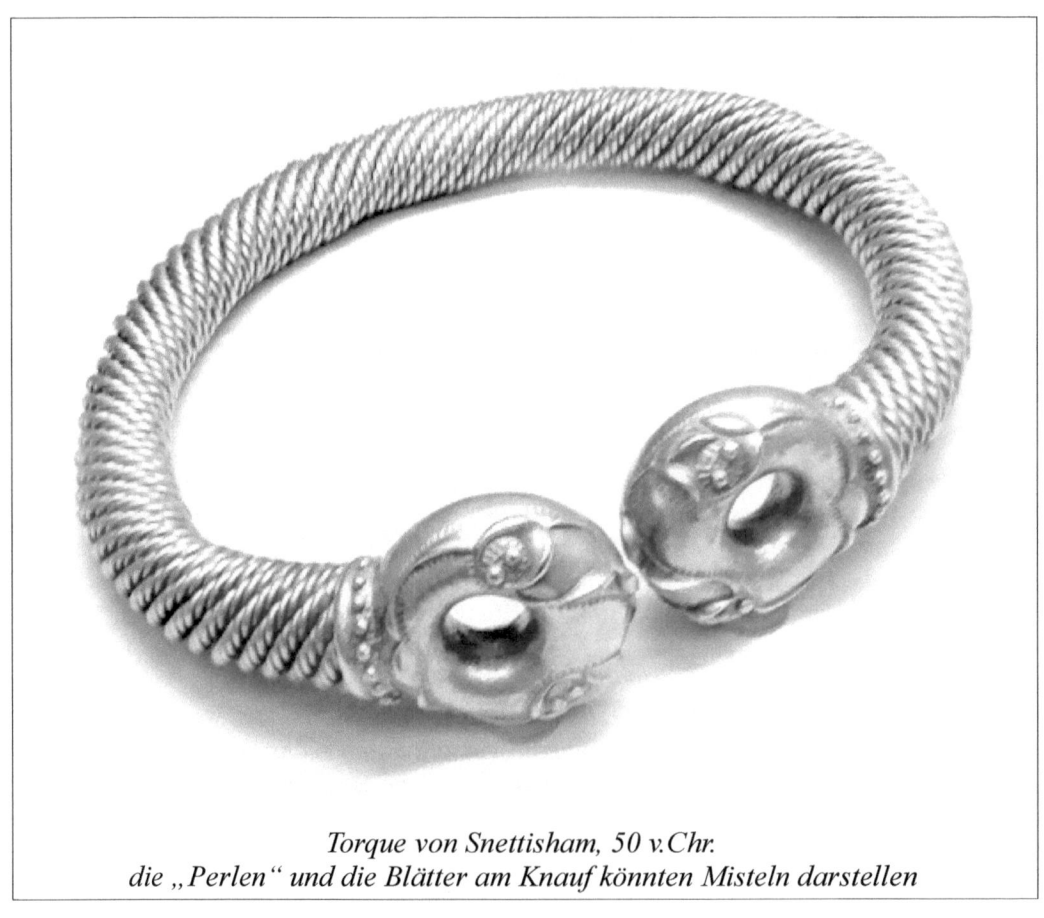

Torque von Snettisham, 50 v.Chr.
die „Perlen" und die Blätter am Knauf könnten Misteln darstellen

III 48. l) Die Mistel bei den Römern und Griechen

Aeneas, der sagenhafte griechische Ahnherr der Römer, benutzt einen „goldenen Zweig", um in die Unterwelt (und wieder zurück) zu gelangen, weil er dort seinen Vater wiedersehen wollte.

Möglicherweise handelt es sich bei diesem Zweig um eine Mistel – zumindestens würde die Verwendung dieses Zweige der Mistel-Symbolik bei den Germanen und Kelten entsprechen.

Die immergrüne Mistel ist zum einen die Ursache des Todes des Sommergottes Baldur und zum anderen aber auch die Hoffnung auf ein Ende des Winters (Fimbul-Winter, Ragnarök) und der Herrschaft des Wintergottes Loki, das dann eintritt, wenn der Sommergott Baldur nach dem Ragnarök wiedergeboren wird und nach Asgard zurückkehrt.

Die Mistel wuchs an einem Baum, der östlich von Walhalla lag. Da der Baum, an dem diese Mistel wuchs, neben dem Tor zur Hel stand, wird er wohl die Weltesche sein, neben der sich der Eingang zur Hel befand. Das, was dem Baldur den Tod bringt und ihn zur Hel sendet, muß Loki (Mythen-)logischerweise vom Tor der Hel holen.

Da die Mistel offensichtlich die gefährlichste aller Waffe gewesen ist, da sie den Sommergott Baldur und somit auch den in den früheren Mythen während des Sommers herrschenden ehemaligen Sonnengott-Göttervater Tyr tötete, lag es nahe, insbesondere Speere, aber auch Schwerter nach der Mistel zu benennen.

Die Mistel ist in fast den gesamten tropischen, subtropischen und gemäßigten Breiten verbreitet, aber sie erscheint bei den Indogermanen wie die Haselnuß nur bei den drei westlichsten Völkern, also bei den Kelten, Römern und Germanen. Das läßt vermuten, daß die Mistel-Symbolik wie die Hasel-Symbolik von der vor-indogermanischen Megalithkultur übernommen worden ist.

Bei den Griechen und Thrakern hat das Efeu dieselbe Symbolik wie die Mistel bei den westlichen und nordwestlichen Nachbarn der Griechen: Die immergrüne Pflanze ist das Sinnbild für die Wiedergeburt am Ende des Winters.

III 49. Nessel

Diese wehrhafte Pflanze wird in zwei Zaubersprüchen genannt.

III 49. a) Neunkräuter-Zauberspruch

Dieser angelsächsische Zauberspruch ist um ungefähr 900 n.Chr. aufgeschrieben worden.

Dies ist das Kraut, das Nessel heißt;
das entsandte der Seehund über den Rücken der See
zur Hilfe gegen die Bosheit von einem anderen Gift.
Es steht gegen Schmerz, widersetzt sich dem Gift,
es hat Macht gegen 3 und gegen 30,
gegen die Hand des Feindes und gegen unheilvolle Machenschaften,
und gegen Behexung gemeiner Wesen.

Der Seehund ist ein Jenseits-Bote.

III 49. b) With Färstice

„With Färstice" sind die Anfangsworte eines angelsächsischen Zauberspruches gegen einen plötzlichen Stich durch einen „Speer", also gegen einen „Hexenschuß".

Gegen einen plötzlichen Stich: Fieberkraut und die rote Nessel, die bei Häusern wächst, und Wegerich – in Butter kochen.

„Laut waren sie – oh, laut!, als sie über den Hügel ritten;
eingerichtet waren sie, als sie über das Land ritten!
Schütze Dich jetzt: dieses Übel könnte sonst bleiben.
Hinaus, kleiner Speer!, wenn Du hier drinnen sein solltest.

Ich stand hinter einem Lindenholz-Schild, hinter einem leichten Schild,
als diese mächtigen Frauen ihre Heere aufstellten
und schreiend ihre Speere warfen.
Einer anderen von ihnen werde ich

den fliegenden Speer zurücksenden!
Hinaus, kleiner Speer!, wenn Du hier drinnen sein solltest.

Da saß ein Schmied und schmiedete ein kleines Messer,
eiserne Waffen, überaus wundervoll.
Hinaus, kleiner Speer!, wenn Du hier drinnen sein solltest.

Da saßen sechs Schmiede, fertigten tödliche Speere.
Hinaus, kleiner Speer! Nicht hinein, kleiner Speer!

Wenn Du hier drinnen bist, kleines Eisenstück,
wenn Du in das Fleisch oder in das Blut geschleudert worden bist,
wenn Du das Werk einer Hexe sein solltest: dann sollst Du schmelzen!

Wenn Du in die Haut oder in den Leib geschleudert worden bist,
Wenn Du in den Knochen oder in das Blut geschleudert worden bist,
Wenn Du in ein Glieder geschossen worden bist: Niemals wird Dein Leben Schaden
    nehmen!

Wenn ihn böse Geister oder Elfen geschleudert haben,
oder wenn ihn eine Hexe geschossen hat: Ich helfe Dir jetzt.

Dies ist ein Heilmittel gegen den Schuß von bösen Geistern, dies ist ein Heilmittel
    gegen den Schuß eines Elfen,
Dies ist ein Heilmittel gegen den Schuß einer Hexe: Ich werde Dir helfen.
Speer, fliege in den Berggipfel!!!

Du bist gesund. Gott möge Dir helfen."

Dann nehme das Messer und tauche es in die Flüssigkeit

„Fieberkraut" kann mehrere Pflanzen sein: Fieberkraut oder auch Haariger Odermennig, Bertramwurz, Persische Insektenblume, Rote Wucherblume, Zierkamillie, Falsche Kamille, Römische Kamille und Mutterkraut.
„Rote Nessel" kann mehrere Pflanzen sein: Rote Taubnessel oder auch Schmalblättriger Hohlzahn, Ackerhohlzahn und Breitblättriger Hohlzahn.
Statt des Wegerichs könnte auch der Breitwegerich gemeint sein.

Leider wird nicht gesagt, was mit dem Messer getan wird, nachdem es in die Butter getaucht worden ist, in der Fieberkraut, Rote Nessel und Wegerich gekocht worden ist.
Die leicht variierten Wiederholungen sind ein typisches Merkmal der germanischen Zaubersprüche in dem klassischen „galdr-Stil".

Man kann von diesem Zauberspruch einiges über Affirmation lernen: Sie sind bildhaft, lyrisch, präzise, konzentriert, benennen die Krankheit und spielen sie nicht herab, schließen alle Ursachen und Möglichkeiten mit ein, nehmen Bezug zum Körper, versichern den Kranken der Hilfe des Heilers, werden wiederholt, steigern sich und nehmen Bezug auf Gott.

Was will man mehr?

III 49. c) Jakob Grimm: Deutsche Mythologie

Hat sich jemand heftig an einer nessel verbrannt, so nimmt man einige blätter von ampfer (rumex obtusifolius, engl. dock, dockon), speit darauf, und reibt damit die verletzte stelle, indem man die worte ausspricht: ›in dockon, out nettle!‹
Anderwärts: in dock, out nettle!

„Ampfer rein – Nessel raus!"

schon bei Chaucer: ›nettle in, dock out‹;
mittellateinischer spruch: ›exeat urtica, tibi sit periscelis amica!‹

> Um ca. 900 n.Chr. wurde die Nessel als ein Mittel gegen Schmerzen angesehen, was dem meistens homöopathischen Heilungsverständnis der Germanen entsprach: Gleiches heilt Gleiches.
> Ob auch andere Germanenstämme als die Angeln und die Sachsen diese Vorstellung gehabt haben, ist unbekannt.
> Gegen Nesselverbrennungen wurde Ampfer empfohlen.

III 50. Nieswurz

Es gibt zwei Odin/Wotan-Namen für Pflanzen: „wödeberge" („Wodens-Speise") für den Nieswurz (Hellebore) und „wödewistle" (Wodens-Nahrung") für den Schierling (Cicuta).

Nieswurz kann heftigen Durchfall verursachen und wurde von dem Griechen Solon dazu benutzt, eine ganze Stadt dadurch zu besiegen, daß er den Bewohnern Nieswurz-Pulver in ihr Trinkwasser schüttete, wodurch sie alle wegen heftigen Krämpfen kampfunfähig wurden. Der lateinische Name „Hellebore" bedeutet „Tötungs-Speise".

Ganz ähnlich sieht es mit dem Schierling aus, da in der antike Verurteilte mit einem Trank aus den Wurzeln und Früchten des Gefleckten Schierlings hingerichtet wurden – wie z.B. der Philosoph Sokrates.

Woden wurde offenbar mit dem Tod assoziiert – und insbesondere mit dem Hinrichtungstod durch Gift – die Bedeutung der beiden Pflanzennamen zeigt deutlich, daß entweder Woden oder seine Verehrer in einem Ritual diese Pflanzen gegessen haben.

Da Woden auch ein Gott der spirituellen Ekstase gewesen ist, könnte sich dieser „Gift-Tod" auch auf die Verwendung dieser beiden Pflanzen innerhalb eines Rituals beziehen, das die besonderen Bewußtseinszustände hervorrufen sollte. Dieses Ritual wird in symbolisch-religöser Hinsicht vermutlich eine Jenseitsreise gewesen sein – schließlich können Nieswurz und Schierling zum Tod führen und wurden auch zur Hinrichtung benutzt.

> Nieswurz ist anscheinend nicht nur als Gift, sondern auch als Ekstase-Hilfsmittel benutzt worden.
> Aufgrund der sehr hohen Giftigkeit sollte damit aber nicht experimentiert werden – das könnte tödlich enden.

III 51. Oregano

Oregano („doste") und Löwenzahn („dorant") erscheinen möglicherweise nur wegen ihres gleichen Anfangsbuchstabens gemeinsam.

III 51. a) Jacob Grimm: Deutsche Mythologie

Zwei kräuter stehn in der formel alliterierend neben einander: doste und dorant (origanum, antirrhinum). althochdeutsch dosto, der echte ausdruck für das, was wir jetzt wilden majoran, thymian nennen oder wolgemut, böhmisch dobrámysl. für dorant kommt auch vor orant, nach einigen soll es nicht antirrhinum, vielmehr marrubium sein, althochdeutsch gotfargezzan. vor beiden kräutern fliehen wichtel und nixen; darum heißt es: ›hättestu nicht dorant und dosten, wollt ich dir das bier helfen kosten!‹ ›heb auf dein gewand, daß du nicht fallest in dosten und dorand!‹ ›stoß mir nicht an den durant, sonst kommen wir nimmer in unser vaterland‹.

Porst, porse wird den gästen unter den tisch gestreut, um ihre eßlust zu wecken. vergleiche borsa myrtus.

Oregano schützte zusammen mit Löwenzahn vor Wichteln und Nixen.

III 52. Rose

Die Rose hat heute eine ausgeprägte Symbolik als Blume der Liebe, aber es läßt sich kaum etwas davon auf die germanischen Mythen zurückverfolgen.

III 52. a) Jacob Grimm: Deutsche Mythologie

Sämingr (Edda) *wird ein svefnthorn (schlafdorn) erwähnt, mit welchem Odinn Brynhild sticht, daß sie entschläft, wie im märchen Dornröschen auf den stich mit der spindel. die dornrose ist hier bedeutsam, da eben ein moosartiger auswuchs am wilden rosenstrauch oder am hagedorn uns noch heute schlafapfel oder schlafkunz heißt, also schon in dem namen Dornrose bezug auf den mythus liegt. man sagt auch bloß kuenz, welches kaum als Konrad, vielmehr aus küenzel, küenzen (ansatz unter dem kinn) erklärbar scheint. legt man ihn schlafenden unters hauptkissen, so erwachen sie nicht, bevor man ihn weggenommen hat.*

Odin „Schlafdorn" ist sehr wahrscheinlich eine Umschreibung für „Schwert", wobei damit Tyrs Schwert gemeint sein wird, da der ehemalige Sonnengott-Göttervater nach seinem abendlichen Tod an jedem Morgen wiedergeboren wurde und auch die Walküre Sigdrifa eher in die Unterwelt verbannt worden als gestorben ist.

III 52. b) Märchen

In „Dornröschen" ist eine Spindel der Schlafdorn, bei Schneewittchen übernimmt ein vergifteter Apfel diese Aufgabe. Schneeweißchen und Rosenrot haben schließlich hauptsächlich die Namen dieser beiden und das Zwergen-Motiv übernommen.

> Die Symbolik der Rose scheint bei den Germanen der Schlaf gewesen zu sein, der als „Dornröschenschlaf" ursprünglich ein Aufenthalt im Jenseits gewesen ist. Es ist allerdings nicht sicher, daß diese Symbolik von den Germanen stammt.
> Der „Schlafdorn" des Odin wird eher eine spitze Waffe als ein Rosendorn gewesen sein – vermutlich Odins Speer Gungnir, mit dem er auch ganze Heere dem Tod weihen konnte. Diese Symbolik geht zumindestens teilweise auf das Schwert des ehemaligen Göttervaters Tyr zurück.
> Der Schlaf ist hier wie im Märchen „Dornröschen" eine Umschreibung für den Tod bzw. die Verbannung in die Unterwelt. Der „Dorn" ist in dem Märchen zu der Spindel geworden, mit der sich Dornröschen sticht.

III 53. Salbei

Wilder Salbei (Dost) wird in einer Sage zusammen mit Bertramsgarbe als Mittel gegen Wasser-Menschen und gegen Gespenster genannt.

III 53. a) Vor den Nixen hilft Dosten und Dorant

- eine Sage aus der Sammlung der Brüder Jakob und Wilhelm Grimm -

„Dost" ist wilder Salbei und Dorant ist Bertramsgarbe (Achillea ptarmica).

Eine hallische Wehmutter erzählte, daß folgendes ihrer Lehrmeisterin begegnet:
Diese wurde nachts zum Tor, welches offenstand, von einem Manne hinaus an die Saale geführt. Unterwegs bedräute sie der Mann, kein Wort zu sagen und ja nicht zu

mucksen, sonst drehte er ihr bald den Hals um, übrigens sollte sie nur getrost sein.

Sie gedachte an Gott, der würde sie behüten, und ergab sich drein, denn sie ginge in ihrem Beruf. An der Saale nun tat sich das Wasser auf und weiter hinunter auch das Erdreich, sie stiegen allmählich hinab, da war ein schöner Palast, worin ein niedliches Weiblein lag. Der half die Wehmutter in Kindesnöten, unterdessen ging der Mann wieder hinaus.

Nach glücklicher Verrichtung ihres Amts redete mitleidend das Weibchen: „Ach, liebe Frau, nun jammert mich, daß Ihr hierbleiben müßt bis an den Jüngsten Tag, nehmt Euch wohl in acht; mein Mann wird Euch jetzt eine ganze Mulde voll Dukaten vorsetzen, nehmt nicht mehr, als Euch auch andre Leute zu geben pflegen für Eure Mühwaltung. Weiter, wenn Ihr zur Stube hinauskommt und unterwegs seid, greifet flugs an die Erde, da werdet Ihr Dosten und Dorant erfassen, solches haltet fest und lasset's aus der Hand nicht fahren. Dann werdet Ihr wieder auf freien Fuß kommen und zu Eurer Stelle geraten."

Kaum hatte sie ausgeredet, als der Nix, gelbkraus von Haar und bläulich von Augen, in die Stube trat; er hatte eine große Mulde voll Gold und setzte sie in dem schönen hellen Zimmer der Wehfrau vor, sprechend. „Sieh da, nimm, soviel Du willst."

Drauf nahm sie einen Goldgülden. Der Nix verzog sein Gesicht und machte grausame Augen und sprach: „Das hast du nicht von dir selber, sondern mit eines Weibes Kalbe gepflügt, die soll schon dafür leiden! Und nun komm und geh mit mir."

Drauf war sie aufgestanden, und er führte sie hinaus; da bückte sie sich flugs und griff in ihre Hand Dosten und Dorant. Der Führer sagte dazu: „Das heißt Dich Gott sprechen, und das hast Du auch von meinem Weibe gelernt. Nun geh nur hin, wo Du herkommen bist."

Hierauf war sie aus dem Fluß ans Ufer gewesen, ging zur Stadt ein, deren Tore noch offenstanden, und erreichte glücklich ihr Haus.

Eine andere Hebamme, bürtig aus Eschätz bei Querfurt, erzählte Nachstehendes: In ihrer Heimat war der Ehmann ausgegangen und hatte seine Frau als Kindbetterin zu Haus lassen müssen. Um Mitternacht kam der Nix vors Haus, nahm die Sprache ihres Mannes an und rief zum Gartenfenster hinein: sie solle schnell herauskommen, er habe ihr etwas Sonderlichs zu weisen. Dies schien der Frau wunderlich, und sie antwortete: „Komm du doch herein, aufzustehen mitten in der Nacht schickt sich für mich nicht. Du weißt ja, wo der Schlüssel liegt, draußen im Loch über der Haustür."

„Das weiß ich wohl, du mußt aber herausgehen", und plagte sie so lang mit den Worten, daß sie sich zuletzt aufmachte und in den Garten trat. Das Gespenst ging aber vor ihr her und immer tiefer hinab; sie folgte nach bis zu einem Wasser, unweit des Hauses fließend, mittlerweile sprach der Nix:

„Heb auf dein Gewand,
  daß du nicht fallst in Dosten und Dorant",
welche Kräuter eben viel im Garten wuchsen. Indem aber erblickte sie das Wasser und fiel mit Fleiß ins Kräutich hinein, augenblicklich verschwand der Nix und konnte ihr nichts mehr an- noch abgehaben.

Nach Mitternacht kehrte der Ehmann heim, fand Tür und Stube offen, die Kindermutter nicht im Bett, hub an erbärmlich zu rufen, bis er leise ihre Stimme im Garten vernahm und er sie aus dem Kraut wieder ins Zimmer brachte. Die Wehemütter halten deshalb gar viel auf diese Kräuter und legen sie allenthalben in Betten, Wiegen, Keller, tragen es an sich und lassen andere es bei sich stecken. Die Leipziger Krautweiber führen es häufig feil zu Markte.

Einmal soll auch ein Weib um Mittag in den Keller gegangen sein, Bier abzulassen. Da fing ein Gespenst drinnen an und sprach:
  „Hättest du bei dir nicht Dosten,
    wollt ich dir das Bier helfen kosten",
und man hört diesen Reim noch in andern Geschichten wiederkehren.

> Salbei(Dost) und Bertramsgarbe helfen gegen Wasser-Menschen und Gespenster.

III 54.   Schachtelhalm

Über den Schachtelhalm ist nur eine einzige Textstelle bekannt:

III 54. a)   Jacob Grimm: Deutsche Mythologie

Zu den angeführten gothischen pflanzennamen kommt noch vigadeinô τρίβολος. über equisetum (Schachtelhalm). Althochdeutsch grensinc nymphaea, potentilla, clavus Veneris. mittelhochdeutsch grensinc.
Der spruch in einer Stockholmer handschrift lautet:

Unse leve vrowe (Maria) *gink sik to damme,*
se sochte grensink den langen.
do se en vant, do stunt he un bevede.
se sprak: „summe den soten Jesum Crist,
wat crudes du bist?"
„junkfrowe, ik hete grensink,
ik bin das weldigeste kint.
ik kan den kettel kolen,
ik kan alle dink vorsonen,
ik kan den unschuldigen man
van dem galgen laten gan;
de mi bespreke un ineges dages up breke,
dem were god holt und alle mannen,
kunne un golt sulven
in den namen des vaders un des sons" u.s.w.

Stammt grensinc von grans prora, weil vor dem schiffe wachsend?

> Diese Pflanze scheint als generelle „Rettungs- und Schutz-Pflanze" aufgefaßt worden zu sein. Ob diese Vorstellung noch aus heidnischer Zeit stammt, ist jedoch ungewiß.

III 55. Schafgarbe

Die Schafgabe erscheint lediglich in zwei Zauber-Anleitungen, die um ca. 1600 n.Chr. in Island verfaßt worden sind.

III 55. a) „Zauberspruch um einen Dieb zu finden"

(Galdrbok, Island, ca. 1600 n.Chr.)

Im Falle eines Diebstahls solltest Du diese Runen auf den Boden eines Tellers aus Eschenholz ritzen, Wasser hineinfüllen und millefolium in das Wasser streuen und sagen:

„Ich befehle ich bei der Macht der Kräuter und bei der großen Macht dieser Stäbe, daß der Schatten dessen, der es fortgenommen hat, in dem Wasser erscheint!"

Dann muß der Name dieser Person auf eine Fischkieme geschrieben werden, wobei der „Jötun-Zauber" verwendet werden muß. Trage diese dann bei Dir und sprich:

„Gusta und alle Götter und Göttinnen, die vom Anbeginn des Himmels an in Walhalla leben und gelebt haben: Ihr müßt mir helfen, damit ich in dieser Angelegenheit Erfolg haben werde!"

Stab = Rune = Symbol
Esche: Die Esche ist der Weltenbaum und daher eine Verbindung zum Jenseits, aus dem die Antwort erwartet wird.
„millefolium": Die Schafgarbe ist eine Orakel-Pflanze gewesen – nicht nur im chinesischen I Ging.
Schatten = Seele, Astralleib => Vision
Der „Jötun-Zauber" ist leider nicht bekannt. (Jötun = Riese)
Fisch = Verbindung zur Wasserunterwelt?
Gusta = Der Tyr-Zwerg Andvari nennt sich oder seinen Vater in der Völsungen-Saga „Gust". „Gusta" wird daher wohl Tyr in der Unterwelt sein.

III 55. b) „Ein weiterer Zauberspruch, um einen Dieb zu finden"

(Galdrbok, Island, ca. 1600 n.Chr.)

Wenn jemand auf eine andere Weise herausfinden will, wer ihn bestohlen hat, dann muß er diesen Stab (Zeichen, Symbol) *mit einem Messer mit Holzgriff auf dem Boden einer Schüssel machen.*

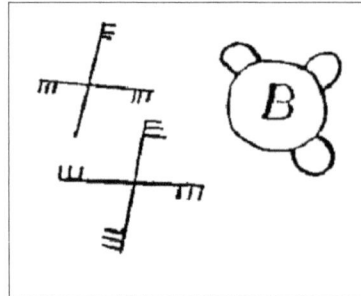

Lasse Blut von unter Deinem großen Zeh und von Deiner rechten Hand fließen und tropfe es rings um den Stab.

Dann nimm reines Wasser mit Schafgarbe, die auf darauf gestreut ist. Das Wasser sollte man in der Mittsommernacht nach Mitternacht geschöpft haben und man sollte es mit Handschuhen schöpfen, sodaß nichts davon auf die Hände gerät. Das Kraut sollte genau wie der Stab mit Blut beschmiert werden.

Dann bitte bei der ruhmreichen großen Macht des Krautes und bei der niemals endenden Wirkung seiner Kraft, daß die Götter Raphael, ihren mächtigsten Diener, als Hilfe senden und daß er sich hier bei Deinem mächtigsten Namen, Thor, Frigg, Beelzebub, Odhinn, zeigt.

Lies danach drei Vaterunser.

Schafgarbe ist lediglich als „Pulver" oder „Teeblätter" bekannt, das man in eine Schale Wasser streute, wenn man mithilfe des Wassers in der Schale wie in einem Spiegel oder in einer Kristallkugel hellsehen wollte.

Diese Verwendung der Schafgabe erinnert sehr an die spätere Tradition des „Teeblätter-Lesens" oder des „Kaffeesatz-Lesens".

III 56. Schaumkraut

III 56. a) Neunkräuter-Zauberspruch

Diese Pflanze wird nur in dem altenglischen Neunkräuter-Zauberspruch beschrieben, der um ca. 900 n.Chr. niedergeschrieben worden ist.

Schaumkraut heißt dieses Kraut, es wuchs auf dem Stein;
es steht gegen Gift, es widersetzt sich dem Schmerz.
„Stark" heißt es, es widersetzt sich dem Gift,
es verjagt den Feind, wirft das Gift hinaus.

Dies ist das Kraut, das gegen die Schlange focht,
dies hat Macht gegen Gift, es hat Macht gegen das Heranfliegende (Ansteckung)*,*
es hat Macht gegen das Übel, das über Land fährt.

> Um ca. 900 n.Chr. wurde das Schaumkraut als ein starkes Mittel gegen (Schlangen-)Gifte angesehen.
> Ob auch andere Germanenstämme als die Angeln und die Sachsen diese Vorstellung hatten, ist unbekannt.

III 57. Schierling

Es sind zwei nach Wotan (Odin) benannte Pflanzennamen bekannt: „wödeberge" („Wodens-Speise") für den Nieswurz (Hellebore) und „wödewistle" (Wodens-Nahrung") für den Schierling (Cicuta).

Nieswurz kann heftigen Durchfall verursachen und wurde von dem Griechen Solon dazu benutzt, eine ganze Stadt dadurch zu besiegen, daß er den bewohnern Nieswurz-Pulver in ihr Trinkwasser schüttete, wodurch sie alle wegen heftigen Krämpfen kampfunfähig wurden. Der lateinische Name „Hellebore" bedeutet „Tötungs-Speise".

Ganz ähnlich sieht es mit dem Schierling aus, da in der antike Verurteile mit einem Trank aus den Wurzeln und Früchten des Gefleckten Schierlings hingerichtet wurden – wie z.B. der Philosph Sokrates.

Woden wurde offenbar mit dem Tod assoziiert – und insbesondere mit dem Hinrichtungstod durch Gift – die Bedeutung der beiden Pflanzennamen zeigt deutlich, daß entweder Woden oder seine Verehrer in einem Ritual diese Pflanzen gegessen haben. Da Woden jedoch auch ein Gott der spirituellen Ekstase gewesen ist, könnte sich dieser „Gift-Tod" auch auf die Verwendung dieser beiden Pflanzen innerhalb eines Rituals beziehen, das die besonderen Bewußtseinszustände hervorrufen sollte. Dieses Ritual wird in symbolisch-religöser Hinsicht vermutlich eine Jenseitsreise gewesen sein – schließlich können Nieswurz und Schierling zum Tod führen und wurden auch zur Hinrichtung benutzt.

Der von den Angelsachsen dem Wodan zugeordnete Schierling findet sich auch in der althochdeutschen Sprache wieder:

„wuotih" für „Wasserschierling"
„wuotskerling, wuotskerning" für „Wasserschierling"
„Woutih" bedeutet einfach „das zu Wodan gehörige" oder „das zur Wut gehörige". „Wuoskerling" bzw. „Wuotskerning" hat die Bedeutung „Wut-Kern-Mann", wobei mit „Kern" wohl die Samen des Schierlings gemeint sind.

> Der sehr giftige Schierling, der auch für Hinrichtungen benutzt worden ist, wurde evtl. im Odin-Kult als Hilfsmittel für Ekstasen und Astralreisen verwendet.

III 58. Seidelbast

> Diese Blume wurde „Tyr-Baum" genannt. Möglicherweise ist er in symbolischer Hinsicht mit der Eberesche und der Mehlbeere identisch.

III 59. Teufelsabiß

Diese Pflanze wird auch Grindkraut oder Krätzkraut genannt.

III 59. a) Jacob Grimm: Deutsche Mythologie

Eine art der scabiosa heißt succisa und morsus diaboli, teufelsbiß, teufelsabbiß, englisch devils bit, dänisch diävels bid, böhmisch čertkus, čertŵ kus, russisch djabolshoe ukuschenie, sonst auch russisch tschertow paletz (teufelsdaume), polnisch czartowe zebro (teufelsrippe). die wurzel ist unten stumpf, wie abgebissen. Oribasius sagt, daß mit diesem kraut der teufel solchen unfug trieb, daß die mutter gottes erbarmen hatte und ihm die macht benahm. ergrimmt biß er die wurzel unten ab, und so wächst sie noch heute des tages. wer sie bei sich trägt, dem vermögen teufel und böse weiber nicht zu schaden. Nach andern biß der teufel sie ab, weil er ihre heilkraft den menschen nicht gönnte. Gräbt man sie mitternacht vor Johannis, so sind die wurzeln noch unabgebissen und verjagen den teufel. unter den tisch geworfen bewirkt sie, daß die gäste sich schlagen und zanken.

> Möglicherweise ist der Teufelsabbiß einst in den germanischen Mythen eine mit der Unterwelt assoziierte Pflanze gewesen – aber sicher ist das nicht.

III 60. Wegerich

Diese Pflanze wird in zwei Zaubersprüchen aufgeführt.

III 60. a) Neunkräuter-Zauberspruch

Und Du, Wegerich, der Kräuter Mutter,
nach Osten geöffnet, im Innern mächtig;
über Dir knarrten Wagen, über Dir weinten Frauen,
über Dir schrien Bräute, über Dir schnaubten Stiere.
Allen hast Du widerstanden, und Dich widersetzt;
ebenso widerstehe dem Gift und dem Heranfliegenden
und dem Übel, das über Land fährt.

III 60. b) With Färstice

„With Färstice" sind die Anfangsworte eines angelsächsischen Zauberspruches gegen einen plötzlichen Stich mit einem „Speer", also gegen einen „Hexenschuß".

Gegen einen plötzlichen Stich: Fieberkraut und die rote Nessel, die bei Häusern wächst, und Wegerich – in Butter kochen.

„*Laut waren sie – oh, laut!, als sie über den Hügel ritten;*
einsgerichtet waren sie, als sie über das Land ritten!
Schütze Dich jetzt: dieses Übel könnte sonst bleiben.
Hinaus, kleiner Speer!, wenn Du hier drinnen sein solltest.

Ich stand hinter einem Lindenholz-Schild, hinter einem leichten Schild,
als diese mächtigen Frauen ihre Heere aufstellten
und schreiend ihre Speere warfen.
Einer anderen von ihnen werde ich
den fliegenden Speer zurücksenden!
Hinaus, kleiner Speer!, wenn Du hier drinnen sein solltest.

Da saß ein Schmied und schmiedete ein kleines Messer,
eiserne Waffen, überaus wundervoll.
Hinaus, kleiner Speer!, wenn Du hier drinnen sein solltest.

Da saßen sechs Schmiede, fertigten tödliche Speere.
Hinaus, kleiner Speer! Nicht hinein, kleiner Speer!

Wenn Du hier drinnen bist, kleines Eisenstück,
wenn Du in das Fleisch oder in das Blut geschleudert worden bist,
wenn Du das Werk einer Hexe sein solltest: dann sollst Du schmelzen!

Wenn Du in die Haut oder in den Leib geschleudert worden bist,
Wenn Du in den Knochen oder in das Blut geschleudert worden bist,
Wenn Du in ein Glieder geschossen worden bist: Niemals wird Dein Leben Schaden nehmen!
Wenn ihn böse Geister oder Elfen geschleudert haben,
oder wenn ihn eine Hexe geschossen hat: Ich helfe Dir jetzt.

Dies ist ein Heilmittel gegen den Schuß von bösen Geistern, dies ist ein Heilmittel gegen den Schuß eines Elfen,
Dies ist ein Heilmittel gegen den Schuß einer Hexe: Ich werde Dir helfen.
Speer, fliege in den Berggipfel!!!

Du bist gesund. Gott möge Dir helfen."

Dann nehme das Messer und tauche es in die Flüssigkeit

„Fieberkraut" kann mehrere Pflanzen sein: Fieberkraut oder auch Haariger Odermennig, Bertramwurz, Persische Insektenblume, Rote Wucherblume, Zierkamillie,

Falsche Kamille, Römische Kamille und Mutterkraut.

„Rote Nessel" kann mehrere Pflanzen sein: Rote Taubnessel oder auch Schmalblättriger Hohlzahn, Ackerhohlzahn und Breitblättriger Hohlzahn.

Statt des Wegerichs könnte auch der Breitwegerich gemeint sein.

Leider wird nicht gesagt, was mit dem Messer getan wird, nachdem es in die Butter getaucht worden ist, in der Fieberkraut, Rote Nessel und Wegerich gekocht worden ist.

Die leicht variierten Wiederholungen sind ein typisches Merkmal der germanischen Zaubersprüche in dem klassischen „galdr-Stil".

Man kann von diesem Zauberspruch einiges über Affirmation lernen: Sie sind bildhaft, lyrisch, präzise, konzentriert, benennen die Krankheit und spielen sie nicht herab, schließen alle Ursachen und Möglichkeiten mit ein, nehmen Bezug zum Körper, versichern den kranken der Hilfe des Heilers, werden wiederholt, steigern sich und nehmen Bezug auf Gott.

> Um ca. 900 n.Chr. wurde der Wegerich als Mittel zur Stärkung der Widerstandskraft angesehen.
>
> Ob auch andere Germanenstämme als die Angeln und die Sachsen diese Vorstellung hatten, ist unbekannt.

III 61. Wegerich, Wegetritt und Wegwarte

Diese Gruppe von Pflanzen hat eine einheitliche Weg-Symbolik.

III 61. a) Jacob Grimm: Deutsche Mythologie

Einige kräuter, plantago und proserpinaca, heißen danach, daß sie am wege sprießen (proserpunt) und den fußtritten ausgesetzt sind, althochdeutsch wegarih, neuhochdeutsch wegerich; althochdeutsch wegapreita, angelsächsisch vegbræde, englisch waybrede, dänisch veibred; althochdeutsch wegaspreiti: althochdeutsch wegatreta; umbitreta, neuhochdeutsch wegetritt; althochdeutsch wegawarta, neuhochdeutsch wegewarte, was man auch auf cichorium zieht.

Es gibt davon einige mythen: das kraut soll eine jungfrau gewesen sein, die ihres liebsten am wege wartete, gleich Sigunen.

Paracelsus bemerkt, daß die blumen der wegwarte sich nach der sonne neigen und ihre kraft im sonnenschein am höchsten sei, ihre wurzel aber nach sieben jahren sich in eines vogels gestalt wandle.

Der Weg, die Sonne, der Vogel und die wartende Jungfrau lassen vermuten, daß die Grundlage dieser Symbolik der Sonnengott-Göttervater Tyr gewesen ist, der auf seinem Weg durch das Diesseits (Tag) und das Jenseits (Nacht) jeden Morgen aufs neue wieder von der auf ihn wartenden Jenseitsgöttin in der Gestalt eines Seelenvogels (Adler) wiedergeboren wurde.

III 62. Wucherblume

III 62. a) Jacob Grimm: Deutsche Mythologie

Althochdeutsch reinfano, schwedisch renfane, tanacetum (Wucherblume) *scheint den elben heilig und hilft bei schweren entbindungen. bedeutet der name eine an grenzörtern wachsende pflanze?*

Die Wucherblume half bei Geburten und war den Elfen heilig. Die ursprünglichen Mythen dieser Pflanze sind unklar.

III 63. Wurzel

Die Wurzel hat dieselbe Symbolik wie die Mistel: Sie bringt den Tod (der Sommergott Baldur stirbt im Herbst) und sie gibt das Leben zurück (der Sommergott Baldur wird im Frühjahr wiedergeboren).

III 63. a) Die Wolfdietrich-Saga

In diesem Heldenlied ist die todbringende Mistel zu einer schlafbringenden Wurzel geworden:

Durch den Wald entführte / die schöne Frau der Zwerg,
Bis wo ein schöner Brunnen / sprang aus einem Berg.
Er legt' ihr an die Kappe, / eine Wurzel in den Mund,
Und führte durch den Brunnen / sie in der Erde Grund.

III 63. b) Gylfis Vision

Die Wurzeln des Weltenbaumes sind kein Symbol, sondern einfach seine Wurzeln. siehe dazu den Band 53 über den „Weltenbaum".

> Mit „Wurzel" ist in älteren Texten oftmals einfach „Kraut" gemeint. Diese Bezeichnung kann sich auch auf die Mistel beziehen.

IV Ein Erdheilungszauber

IV 1   Erd-Heilungszauber aus dem Buch „Lacnunga"

- 11. Jahrhundert Südwestengland -

Dies ist ein Heilmittel, mit dem Du Dein Land verbessern kannst, wenn es auf ihm nicht gut wächst oder wenn ihm etwas Schädliches durch einen Zauberer oder einen Zaubertrankmischer angetan worden ist.

Nimm des Nachts vor der Morgendämmerung vier Grassoden von den vier Seiten Deines Landes und markiere die Stellen, von denen Du sie genommen hast.

Dann nimm Öl und Honig und Hefe und Milch von jedem Tier, das auf dem Land ist und ein Teil von jeder Art von Baum, der auf dem Land wächst außer von den harten Hölzern und zudem ein Teil von allen Kräutern, die mit Namen bekannt sind außer der großen Klette und übergieße sie mit Heiligem Wasser und tröpfle dies auf die Unterseiten der Grassoden und sprich dabei neunmal die Worte:

„Crescite, wachse,
et mulitplicamini und vermehre Dich,
etreplete und fülle Dich,
terre, Erde.

In nomine patris
et filii et spiritus sancti
sit benedeti."

Und danach sprich ebensooft das Vaterunser.

Trage dann die Grassoden in eine Kirche und lasse einen Meßpriester vier Messen über den Soden singen und lasse jemanden die grünen Seiten zum Altar hin wenden und lasse danach, bevor die Sonne untergeht, jemanden die Grassoden wieder dorthin bringen, von wo Du sie genommen hast.

Und laß vier Christus-Zeichen (Kreuze) *aus Ebereschenholz machen und darauf an jedes Ende 'Matthäus und Marcus, Lukas und Johannes' schreiben. Lege das Christus-Zeichen auf den Grund der Gruben* (die die entnommenen Grassoden hinterlassen haben) *und sprich dabei:*

„crux Matthäus,
crux Marcus,
crux Lucas,
crux sanctus Iohannes."

Nimm dann die Grassoden und lege sie auf sie (die Kreuze) und sprich neunmal die Worte:

„Crescite, wachse,
et mulitplicamini und vermehre Dich,
etreplete und fülle Dich,
terre, Erde.

In nomine patris
et filii et spiritus sancti
sit benedeti."

Und danach sprich ebensooft (neunmal) das Vaterunser.
Wende Dich dann nach Osten, verbeuge Dich neunmal ehrfürchtig und sprich dann diese Worte:

„Ostwärts stehe ich, um Gnade bitte ich,
ich bete zu dem Großen Domine, ich bete zu dem Großen Herrn,
Ich bete zu dem heiligen Schutzengel des Himmels-Königreiches,
ich bete zu der Erde und zu dem Himmel
und zu der wahrhaft Sankta Maria
und zu des Himmels Macht und zu des Himmels Halle,
daß ich diesen Galdor (Zauber) durch das Geschenk des Herrn
mit meinen Zähnen öffnen (sprechen) und fest sprechen kann,
daß ich diese Pflanzen für unseren weltlichen Gebrauch hervorrufen kann,
daß ich dieses Land mit festem Glauben erfüllen kann,
daß ich diesen Grasboden schön werden lassen kann,
so wie der Weise gesagt hat, daß der reich sein werde, der Almosen
gerecht gibt in der Gnade des Herrn."

Drehe Dich dann dreimal in der Richtung des Sonnenlaufes, strecke Dich dann hoch auf und zähle dann die Litaneien auf und sprich anschließend:

„Sanctus, sanctus, sanctus –," bis zum Ende.

Singe dann das Benedicte mit ausgestreckten Armen dreimal und ebenso das Magnificat und das Vaterunser und befiehle es (das Land) *dann Christus und der Heiligen Maria an und auch dem heiligen Kreuz für deren Lobpreisung und Verehrung und für den Nutzen dessen, dem das Land gehört, und für alle, die ihm dienen.*

Wenn dies geschehen ist, lasse einen Mann von Bettlern, denen er sich nicht zu erkennen gibt, Saatgut nehmen und ihnen doppelt soviel zurückgeben, wie er ihnen genommen hat und laß ihn alle seine Pflug-Gerätschaften zusammenholen. Dann laß ihn ein Loch in den Balken (seines Pfluges) *bohren und Weihrauch und Fenchel und geheiligte Seife und geheiligtes Salz hineinstecken.*

Dann nimm die Saat, lege sie auf den Leib des Pfluges und sprich:

„Erce, Erce, Erce, Erd-Mutter,
Möge Dir der Allherrscher, der ewige Herr,
gedeihende und blühende Felder gewähren,
die sich fortpflanzen und die kräftiger werden,
hohe Stiele, glänzendes Getreide,
fülliges Gesten-Korn
und weißes Weizen-Korn
und all der Erde Getreide!
Möge der ewige Herr
und seine Heiligen, die im Himmel sind, ihm gewähren,
daß all seine Ernte gegen welche Feinde auch immer geschützt ist,
daß es gegen jeglichen Schaden geschützt ist,
und auch gegen Gifte, die rings um das Land verstreut werden.
Nun bitte ich den Meister, der diese Welt gestaltet hat,
daß keine Zauberspruch-Frau und kein kunstfertiger Mann
diese gesprochenen Worte umstoßen kann."

Dann laß einen Mann den Pflug vorantreiben und die erste Ackerfurche ziehen und sprich:

„Mögest Du heil sein, Erde, Mutter der Menschen!
Mögest Du in Gottes Umarmung wachsen,
erfüllt von Nahrung für das, was die Menschen brauchen."

Nimm dann von jeder Sorte Mehl und laß jemanden ein Brot backen von der Größe einer Handfläche und knete es mit Milch und mit Weihwasser und lege es unter die erste Ackerfurche.

Dann sprich:

*„Feld voll von Nahrung für die Menschheit,
hell-blühend, sei gesegnet,
in dem heiligen Namen dessen, der den Himmel geformt hat
und die Erde, auf der wir leben;
Gott, der den Boden erschaffen hat – gewähre uns das Geschenk des Gedeihens,
daß wir alle Korn für uns haben."*

Sprich dann dreimal:

„Crescite in nomine patris, sit benedicti. (Wachse im Namen des Vaters, sei gesegnet.)"

Sprich dann:

„Amen."

Und dreimal das Vaterunser.

V Gruppen von Pflanzen mit ähnlicher Symbolik

Die Beschreibungen der Pflanzen sind generell in erster Linie durch ihre Wirkungen geprägt worden. Sie ist also in erster Linie durch Versuch und Beobachtung entstanden und nicht durch die Einbeziehung der Pflanzen in eine Mythe oder in die Beschreibung einer Gottheit.

Es gibt allerdings auch Ausnahmen von dieser Regel – und das sind die Pflanzen, die für die Themen in dieser Buchreihe am interessantesten sind. Diese Pflanzen lassen sich nach ihrer Symbolik zu mehreren Gruppen zusammenfassen, die jeweils von einem Thema geprägt sind.

Der ehemalige Sonnengott-Göttervater Tyr

In den Mythen der Pflanzen wird mehrfach Tyr oder Wieland erwähnt oder auf eine andere Weise ein Zusammenhang mit dem ehemaligen Göttervater beschrieben:
Baldrian, Basilikum, Bärlapp, Beifuß, Märzviole, Seidelbast

Die blaue Farbe einer Blume wird zweimal mit Tyrs blauem Mantel assoziiert:
Gundelrebe, Märzviole

Eine weitere wichtige Assoziation ist die Sonne, mit der die Symbolik des Tyr eng verknüpft gewesen ist:
Bärlapp, Beifuß, Bilsenkraut, Farn, Johanniskraut, vierblättriger Klee, Wegerich, Wegetritt, Wegwarte

Der Tod und die Wiedergeburt des Tyr ist evtl. auch mit der Ernte und der Aussaat des Getreides assoziiert gewesen:
Getreide

Schließlich könnte es sein, daß bereits die Raben-Seelenvögel der beiden Alcis-Söhne des Tyr mit dem einer Pflanze verknüpft gewesen sind:
Bertram

Baldur

Das Auge des Baldur scheint mit der Sonne assoziiert worden zu sein:
Kamille („Baldurs-Braue")

Göttin

Zu der Jenseitsgöttin gehörten drei Pflanzen:
Alraune, Äpfel, Haselnuß

Zu Freya gehörten zwei Pflanzen:
Gewöhnliche Kreuzblume („Freyas Haar"), Mangold

Zur Erdgöttin gehörten ebenfalls zwei Pflanzen:
Getreide, Mangold

Zu Huldar gehörte ein Strauch:
Holunder

Und schließlich wurde auch noch der Blütennektar mit den Nornen assoziiert:
Honigtau

Odin

Drei sehr giftige Pflanzen wurden mit Odins Jenseitsreisen assoziiert:
Bilsenkraut, Schierling, Nieswurz

Dem Weltenbaum und evtl. auch Odin waren zwei Pflanzen zugeordnet:
Fenchel, Kerbel

Eine Pflanze ist vermutlich nach Odins Raben benannt worden:
Bertram

Thor

Thor stellte man sich wie zuvor Tyr mit einem blauen Mantel vor:
Märzviole

Auch auf die Gewitter des Thor bezog sich eine Pflanze:
Donnerrebe

Elfen

Elfen (Alfen) sind ursprünglich Ahnengeister gewesen. Sie scheinen eine Blume besonders zu mögen:
Wucherblume

Weltenbaum

Es gibt eine ganze Reihe von Bäumen, die als Weltenbaum angesehen wurden (Siehe dazu auch Band 53 „Weltenbaum"):

Apfelbaum, Eberesche, Eibe, Eiche, Esche, Haselstrauch, Mehlbeere, Seidelbast

sowie indirekt auch noch:

Fenchel, Kerbel, Mistel

Jenseitsreise

Neun Pflanzen beziehen sich auf den Jenseitsreise-Weg:

Apfelbaum, Eberesche, Eibe, Eiche, Esche, Farn, Haselstrauch, Mehlbeere, Seidelbast

Zu der Jenseitsreise selber haben sieben Pflanzen gehört, die z.T. sehr giftig sind und daher die Astralreise (oder den Tod) verursachen können:

Bilsenkraut, Kräuter, Nieswurz, Schierling, Wegerich, Wegetritt, Wegwarte

Bei den folgenden fünf Pflanzen liegt der Schwerpunkt auf der Wiedergeburt:

Äpfel, Efeu, Eibe, Haselnuß, Mistel

Eine Pflanze ist nur allgemein mit der Unterwelt assoziiert worden:

Teufelsabbiß

Schutz gegen Geister

Zwei Pflanzen schützen gegen Wassermenschen und Nixen:

Bertramsgarbe, Dost

Zwei Pflanzen schützen gegen Wichte und Wassergeister:

Löwenzahn, Oregano

Acht Pflanzen schützen allgemein und auf eher unspezifische Weise:

Betonica, Distel, Eberesche, Galläpfel, Kamille, Kräuter, Mehlbeere, Schachtelhalm

Wahrsagung

Bei der Wahrsagung wurde dieselbe Pflanze wie beim chinesischen I Ging benutzt:
Schafgarbe

Aphrodisiakum

Über die Förderung der Liebeslust und der Potenz hat man sich damals schon Gedanken gemacht:
Frauenhaarfarn, Lauch

Geburt

Es ist nur eine Pflanze mit Geburten assoziiert worden:
Wucherblume

gegen Gift

Gegen Gifte wurden u.a. die beiden folgenden Pflanzen eingesetzt:
Heilziest, Schaumkraut

Stärkung

Eine Pflanze diente zur Stärkung der Widerstandskraft:
Wegerich

Heilmittel

Drei Pflanzen wurden lediglich als Heilmittel beschrieben, aber haben keine weitergehende Symbolik:
Ampfer, Fieberkraut, Nessel

Mehltau

Schließlich gibt es noch eine Pflanzen-Pilzkrankheit, die mythologisch als der Schaum von dem Maul des Nachtpferdes Hrimfaxi erklärt worden ist:
Mehltau

VI Erlebnisse mit Pflanzen

Wie bei allen Dingen sind es letztlich immer die eigenen Erlebnisse, die eine Sache zu einem lebendigen Teil des eigenen Lebens werden lassen. Mit den Pflanzen ist es nicht anders.

Wenn man Kräuter für Heilungen benutzt, wird man auch mit den Kräutern selber vertraut werden und evtl. eine persönliche Beziehung zu ihnen aufbauen – insbesondere dann, wenn man sie auch noch selber sammelt oder anbaut. Auch das Räuchern von Kräutern und Harzen in Ritualen hat diese Wirkung.

Es gibt jedoch noch eine Reihe weiterer Möglichkeiten, durch die man eine engere Verbindung zu den Pflanzen erhalten kann. Da dies so gut wie immer persönliche Erlebnisse sind, folgen nun einige meiner eigenen Erlebnisse mit Pflanzen.

Diese Erlebnisse sind natürlich zunächst einmal nur meine eigenen Erlebnisse, aber vielleicht können sie ja den einen oder anderen zu einer eigenen Entdeckungsreise inspirieren …

Der grüne Daumen

Manche Leute haben ein natürliches Talent für die Pflege von Pflanzen. Bisweilen sagt man von diesen Menschen, daß sie einen „grünen Daumen" haben – bei ihnen gedeihen alle Pflanzen, auch die, die bei anderen kurz vor dem Absterben waren.

Man kann auch einen gezielten Versuch mit einer Pflanze durchführen. Man nimmt dazu zwei gleiche Pflanzen. Während man der einen gut zuredet und sich vorstellt, wie sie wächst und gedeiht, bedroht und beschimpft man die andere und stellt sich vor, wie man sie abschneidet und zerstampft – bevor die zweite Pflanze davon allerdings ganz eingeht, sollte man sie wieder mit guten Gedanken aufpäppeln. Im Grunde ist dies eine Art „langsame Telekinese".

Wenn man diesen Pflanzenversuch durchführen möchte, sollte man eine normale Blattpflanze mit weichen Blättern wählen – ein Kaktus oder ein immergrünes Gewächs wie Ilex könnte sich als sehr resistent gegen die eigenen Imaginationen erweisen …

Auch bei dem „Grünen Daumen" kann man manchmal den Eindruck erhalten, daß es sich dabei um eine spezielle Form der Telekinese handelt.

Durch diese Art von Versuchen zeigt sich, daß Pflanzen genauso wie Menschen für Telepathie und Telekinese empfänglich sind. Man kann daher mit einiger Berechtigung davon ausgehen, daß auch Pflanzen zumindestens eine rudimentäre Form von „Psyche" haben.

Traumreisen

Mein Freund Jörg ist ein Homöopath, weshalb die möglichst klare Kenntnis seiner „Kügelchen" und „Tröpfchen" eine der Grundlagen seiner Heilungstätigkeit ist. Daher kamen wir auf die Idee, Traumreisen in einige seiner Kügelchen zu unternehmen, um uns diese Mittel einmal von innen her anzusehen.

Bei einer solchen Traumreise schließt man in der Regel die Augen, konzentriert sich auf ein Thema oder eine Sache, nimmt in den meisten Fällen ein Symbol dieses Themas o.ä. als Tür, tritt in seiner Vorstellung durch sie hindurch und schaut dann, was man wahrnimmt.

Dazu haben wir die Kügelchen vor uns auf einen Tisch gelegt und sie dann als Tor für unsere Traumreisen genommen. Bisweilen haben wir auch verschiedene Potenzen desselben Mittels auf diese Art miteinander verglichen – sie hatten gleiche Themen, aber die Bilder und Landschaften hatten ganz verschiedene Proportionen: mit steigender Potenz wurden die Maßstäbe und Abstände größer, sodaß die Berge höher, die Ebenen weiter, aus Pfützen Seen wurden usw.

Eines Tages haben wir dann eine Traumreise in „Lycopodium C200" unternommen, also in den Bärlapp, der eine kleine Pflanze ist, die am Waldrand wächst.

Wir trafen uns in unserer Vision auf einer eher kargen, öden Landschaft und frugen uns, wo wir hier wohl hingehen sollten. Da kam ein sehr großer, urtümlicher Vogel und bat uns, uns auf seinen Rücken zu setzen, denn er solle uns zu dem König der Wälder bringen. Einigermaßen überrascht stiegen wir beide auf und der Vogel erhob sich und erreichte nach kurzer Zeit die Küste.

Nachdem wir eine Weile lang übers Meer geflogen waren, sah ich, daß der linke Flügel des Vogels steif wurde und der Vogel Schräglage bekam. Um zu verhindern, daß wir mit dem Vogel ins Meer stürzten, haben ich ihm Licht in sein Flügel-Schultergelenk gesandt, woraufhin der Vogel normal weiterfliegen konnte. Schließlich erreichten wir das andere Ufer des Meeres, wo der Vogel uns in einer hügelig-bergigen Gegend mit nur wenig Pflanzenwuchs absteigen ließ und dann verschwand.

Wir machten uns auf die Suche nach etwas Interessantem und verloren uns dabei nach kurzer Zeit aus den Augen. Nach einer Weile fand ich ein großes, weites Tal, in dem seltsame Bäume wuchsen, wie ich sie noch nie gesehen hatte – irgendwie exotisch und urtümlich. Dort trafen Jörg und ich uns wieder. Wir spürten innerlich nach, wo wir den König der Wälder wohl finden könnten und gingen dann durch den leicht ansteigenden Wald in Richtung der jenseitigen Berge, die das Tal umgaben.

Nach einer Weile erreichten wir einen Hügel, der wie das gesamte Tal bewaldet war. Auf der Kuppe dieses Hügels stand ein kleiner weißer Pavillon und uns war klar, daß hier der König der Wälder wohnte. Aber wo war er? Auf unsere Frage an den Wald spürten wir, daß er unter uns in der Erde war. Also bin ich in die Erde

„hinabgetaucht".

Das war ein ziemlich heftiges Erlebnis: Die Erde war oben weich und federnd wie Humus und sah wie welkes Farnkraut aus, aber weiter unten war sie ein Bäume-Massengrab, das eine solche Depression ausstrahlte, daß es kaum zu ertragen war. Ganz unten in diesem Massengrab fanden wir den König der Wälder. Wir nahmen ihn mit nach oben und brachten ihn an die Sonne und versuchten noch verschiedene andere Dinge, aber es gelang uns nur, in ein ganz klein wenig aufzumuntern.

Als wir von der Traumreise zurückgekehrt waren und die Reise betrachtet haben, erzählte Jörg mir, daß man Lycopodium Menschen mit einer ganz speziellen Form der Depression gibt. Diese Menschen glauben, daß schon alles vorbei sei und sie halten einfach nur noch durch und ein typisches Symptom dieser Menschen sind eine steife linke Schulter (wie bei dem Vogel). Nachdem wir ein wenig in verschiedenen Lexikas gestöbert hatten, fanden wir heraus, daß die gesamten Kohlevorräte zu 90% aus Lycopodium-Gewächsen entstanden sind, die damals wirklich die Könige der Wälder waren und heute nur noch als kleines Kraut am Waldrand dahinvegetieren – die große Zeit des Lycopodiums ist wirklich schon 200.000.000 Jahre vorbei …

Dieses Erlebnis zeigt, daß der Bärlapp über eine Erinnerung der Geschichte seiner ganzen Art verfügt, die sich über 200.000.000 Jahre zurückerstreckt. Diese Erinnerung wird sowohl in der Traumreise selber deutlich als auch den Symptomen, die man durch Lycopodium heilen kann.

Wenn man diese Schlußfolgerungen mit den Ergebnissen des vorigen Pflanzenexperimentes („Grüner Daumen") kombiniert, ergibt sich daraus, daß die Pflanzen zum einen ein sehr weit zurückreichendes Gedächtnis haben und daß sie zum anderen auch eine Wahrnehmung haben (zumindest auf der Lebenskraftebene). Wenn man nun aber Gedächtnis und Wahrnehmung kombiniert, erhält man ein Bewußtsein, das seiner selber und seiner Umwelt bewußt ist. Wie soll man ein solches Bewußtsein nennen? Am besten wohl Elfe ...

Und diese Elfen sind es anscheinend, die auf die Menschen wirken, die ein homöopathisches Pflanzen-Mittel einnehmen.

Diese Schilderung des Wesens der Elfen hat große Ähnlichkeit mit den Seelen und ihren früheren Inkarnationen. Die Seele ist der rote Faden, der alle ihre Inkarnationen durchzieht und in der sich das Gesamtbewußtsein all ihrer Inkarnationen befindet. Der Bärlapp-Elf, also der „König der Wälder", ist die Seele des Bärlapps, der sich im Laufe der Jahrmillionen in Billionen von Bärlappgewächsen inkarniert hat und deren gesamte Erinnerungen in sich trägt.

Ein Unterschied besteht jedoch darin, daß sich eine Seele immer nur einmal und ein Elf immer mehrmals gleichzeitig inkarniert. Eine Seele hat also immer nur einen Körper und ein Elf stets viele Körper.

Der König der Wälder

Bisweilen gibt es recht spezielle Probleme, für deren Lösung etwas Phantasie notwendig ist. So war ich z.B. einmal in einem Haus, in dem im Keller ein wirklich riesiger Öltank stand, mit dem man auch problemlos eine fünfjährige Ölkrise überstehen könnte. Die Qualität dieses Öltanks durchzog aber leider das gesamte Haus und machte es ausgesprochen ungemütlich.

Nun kannte ich durch frühere Traumreisen mit meinem Freund in das homöopathische Lycopodium-Kügelchen den Elf des Lycopodiums, also der Bärlappgewächse, aus deren Wäldern vor 200.000.000 Jahren im Laufe der Zeit die Kohle und das Erdöl (auch das in dem Tank in diesem Haus) entstanden sind.

So kam ich auf die Idee, ein paar Tropfen Lycopodium C1000 (diese Potenzierung entspricht in etwa der Gottheiten-Ebene) in ein Glas Wasser zu geben und zu vermischen und mit der Frau, die mich um die „energetische Reinigung" des Hauses gebeten hatte, in den Keller zu gehen. Dort haben die Frau und ich dann einfach improvisiert Vokale gesungen, während ich den Tank ringsum mit dem Lycopodium-Wasser besprengt habe und dabei den „König der Wälder", also den Bärlapp-Elf darum gebten habe, daß er die heftige Ausstrahlung des Öls in diesem Tank auflöst.

Dieses Vorgehen hat einen guten Erfolg gehabt.

mit Bäumen sprechen

Wenn man etwas Übung mit Traumreisen oder ähnlichen Methoden hat, ist es auch relativ einfach, mit Bäumen zu sprechen. Man kann sie die verschiedensten Dinge fragen und erhält meistens Antworten in Wort- oder Bildform.

Als um ca. 1980 das Waldsterben immer mehr zugenommen hatte, habe ich mich des öfteren mit Bäumen unterhalten, um zu erfahren, was ich dagegen tun könnte. Ich habe immer wieder gesagt bekommen, daß wir die Schwefelemission drastisch verringern müßten. Das war nicht das, was ich hören wollte, da ich vorgehabt hatte, mithilfe von Magie den Wald zu schützen.

Das war jedoch nicht das, was der Wald wollte …

die Aura der Bäume

Ein ganz ähnlicher Versuch ist das bisweilen etwas verspottete „Umarmen von Bäumen". Es lohnt sich trotzdem, es einmal auszuprobieren und die Art der Energie zu spüren, die in den Bäumen fließt, da diese sehr verschieden ist. Die Akazie ist luftig, die Buche kühl, die Eiche erdig, die Kiefer luftig-feurig, die Eibe dunkel-elastisch ...

Blumen-Visionen

Als ich 22 Jahre alt gewesen bin, bin ich einmal über eine große Waldwiese gegangen, auf der Wiesenschaumkraut stand. Ich wurde auf einmal so von der Schönheit dieser Blüten ergriffen, daß ich mich niederkniete, meine Hände um die Blüten legte und der Blume erzählte, wie schön ich sie finde und wie ich mich freue, sie zu sehen.

Da kamen auf einmal leuchtende Visionen von Blüten, die so überwältigend strahlend, bunt und schön und von einer solch unbeschreiblichen Fülle und Vielfalt waren, daß ich lange Zeit nur noch sprachlos und glücklich dasaß.

Etwa zwei Jahre lang brauchte ich nur an dieses Wiesenschaumkraut zu denken und sofort stiegen diese Blumenvisionen wieder in mir auf.

Der Lorbeer-Elf

Ein anderes Erlebnis mit Elfen, daß mir vieles deutlicher gemacht hat, hatte ich auf der Insel La Palma, als ich dort mit einer Freundin in dem Tal gewandert bin, in dem sich der letzte Lorbeerwald aus der Kreidezeit erhalten hat. Meine Freundin war von dem ansteigenden Weg sehr erschöpft und wir machten eine Rast – sie hatte sehr Mühe mit Bergen. Ich schaute ohne etwas Bestimmtes zu wollen über die Wipfel der Lorbeerbäume in dem Tal und spürte dem Wesen dieser Bäume nach. Da sah ich auf einmal den Elf des Lorbeerwaldes. Diese Wahrnehmung war halb „richtiges Sehen" und halb wie bei einer Traumreise, also eine Vision – die parallele Wahrnehmung von zwei Ebenen, die einander überlagern und zwischen denen man nach Bedarf hin- und herwechseln kann.

Dieser Elf sah keineswegs so aus, wie man sich einen Elfen vielleicht vorstellen mag. Er war gut 150m hoch und sah eher so aus, wie man sich einen sehr alten, ernsten Riesen vorstellt, der die Ausstrahlung eines Baumes hat. Ich habe ihn innerlich begrüßt und ihn gefragt, ob er meiner Freundin Kraft geben könnte, damit sie weitergehen kann. Er nickte und blickte kurz auf sie und meine Freundin fühlte sich sofort gestärkt und wir konnten weiterwandern. Da meiner Freundin das Wandern in Bergen eher schwerfiel, war das eine Wirkung, die uns beide überrascht hat.

Zum einen ist mir an dieser Begegnung mit dem Lorbeerelf deutlich geworden, daß man diese Wesen durchaus um Hilfe bitten kann, und zum anderen, daß auch die

Elfen als Wesen aus Lebenskraft die Gestalt, in der man sie als Mensch sieht, wohl aus den Bildern in dem betreffenden Menschen nehmen – schließlich gibt es keinen Grund für einen Pflanzenelfen, auch nur annähernd menschliche Gestalt zu haben. Die inneren Bilder des Menschen, der die Elfen sieht, sind die Sprache, derer sich die Elfen bedienen, um ihr eigenes Wesen dem betreffenden Menschen verständlich zu machen.

Man sieht die Elfen zwar mit der Qualität, die sie tatsächlich haben, aber man sieht sie dabei durch die Brille der eigenen inneren Bilder. Oder, von der anderen Seite her beschrieben: Die Elfen sind so freundlich, die inneren Bilder des sie wahrnehmenden Menschen zu benutzten, damit er auch versteht, welche Qualitäten sie haben.

Bei jeder Form der Telepathie gibt es eine automatische Übersetzung, weshalb sich ein Franzose und ein Chinese telepathisch problemlos verstehen können – und offenbar genauso leicht auch Menschen und Elfen …

Ob die Elfen, wenn sie einen Menschen wahrnehmen, wohl in entsprechender Weise die von ihnen an dem betreffenden Menschen wahrgenommenen Eigenschaften in pflanzliche Bilder übersetzen? Vermutlich ja.

Apfelgarten-Visionen

Zu der Zeit, als ich noch in den Kindergarten gegangen bin, habe ich oft auf meinem Bett gelegen, die Augen geschlossen und bin in meiner Vorstellung in den dunklen Nachthimmel emporgeschwebt. Dort oben zwischen den Sternen habe ich dann eine große Wiese voller Apfelbäume gefunden. Wenn ich dort angekommen war, war alles gut …

Dieses Bild habe ich auch in nächtlichen Träumen gehabt.

Lange Zeit habe ich das lediglich für einen rein persönlichen Traum gehalten, aber seit ich inzwischen von mehreren Kindern gehört habe, daß sie ganz genau denselben Traum wach am Tag und schlafend in der Nacht haben, scheint mir, daß das alte Bild von dem Apfelbaum-Jenseits (Idun, Avalon) offenbar noch immer sehr lebendig ist.

Die Kraftpflanze

Wenn sich eine Seele als Mensch inkarniert, geschieht etwas Interessantes: Aus dem Lebenskraftwirbel, der durch die Vereinigung der Eltern miteinander entsteht, bildet die Seele ihren Lebenskraftkörper, während ihr zukünftiger materieller Körper aus der befruchteten Eizelle entsteht.

Die Art des materiellen Körper (Mensch, Affe, Ameise usw.) ist durch die Gene festgelegt. Der Lebenskraftkörper ist hingegen durch den Entschluß der Seele zu genau diesem Leben (natürlich auch mit genau diesen Genen und Eltern) geprägt, was sich unter anderem später in dem Horoskop zeigen wird. Der Lebenskraftkörper prägt ab der Zeugung mit seinem ihm durch seine Seele eingeprägten Stil auch die individuelle Entfaltung der Substanz der Gene.

Die Seele erschafft sich also einen Lebenskraftkörper, der durch die Absicht der Seele für dieses Leben geprägt ist – sie „spiegelt" sich in ihm.

Da sich im Bereich der Lebenskraft Ähnliches aneinanderlagert, wirkt dieser Lebenskraftkörper wie ein Ton, der alle gleichen Töne außerhalb von ihm zum Schwingen anregt. Daher gibt es eine Resonanz zu dem Entschluß der Seele für ihre derzeitige Inkarnation in allen Bereichen der Welt: im Tierreich, im Pflanzenreich und im Mineralreich.

Aufgrund dieser Resonanz gesellt sich (innerlich) ein Tier zu diesem Menschen, das dann sein Krafttier ist – eben weil das Temperament dieses Tieres am genauesten der Absicht der Seele für dieses Leben entspricht. In gleicher Weise entspricht die so entstehende Kraftpflanze und auch der Kraftstein der Absicht der Seele. Dabei drückt das Tier die Impulse aus, die dem Entschluß der Seele entsprechen, der Stein die Struktur, und die Pflanze die Haltung, die dem Entschluß der Seele entsprechen.

Das Krafttier, die Kraftpflanze und der Kraftstein sind daher im Bereich der Lebenskraft mit ihm verbunden, da sie durch ihre gleiche Qualität miteinander in Resonanz stehen.

Es ist sehr hilfreich, diese drei Verbündeten durch Traumreisen u.ä. zu finden, da man dann bewußt mit ihnen zusammenarbeiten kann, um sein eigenes Leben zu gestalten.

In Zeiten, in denen es einem schwer fällt, die eigene Seele zu spüren und sich selber treu zu bleiben, ist es auch eine große Unterstützung, diese drei Verbündeten zu sich zu rufen, was in der Regel recht einfach ist, da sie eben so konkret sind. Da diese drei Verbündeten in Resonanz mit der Absicht der Seele für ihre derzeitige Inkarnation stehen, erscheint die eigene Seele fast von selber, wenn man diese drei Verbündeten zu sich gerufen und sich mit der eigene Freundschaft zu ihnen erfüllt hat.

„Alfen" und „Elfen"

Wieso wurden eigentlich die „Alben" genannten Ahnengeister zu den „Alfen" genannten Blumengeistern?

Der Name hat sich von „Alben" über „Alfen" und „Elben" zu „Elfen" hin entwickelt. Es ist also dasselbe Wort.

Bei den Nordgermanen waren die Alben um 1200 n.Chr. noch Ahnengeister. Die einzige mögliche Verbindung zwischen den Alfen und den Pflanzen war der Weltenbaum als der Weg zwischen dem Diesseits und dem Jenseits – aber auch diese Verbindung ist sehr schwach gewesen.

Um ca. 1400 n.Chr. war aus ihnen z.T. unter dem Einfluß des Christentums schon der „Alp" geworden, der Krankheiten und Alpträume verursachte. Der „Elfenschuß" war damals eine Varianten des „Zwergenschusses", der später dann hauptsächlich „Hexenschuß" genannt worden ist.

Blumenelfen sind erst in recht neuer Zeit eine gängige Vorstellung geworden. Der Ursprung muß noch vor 1600 liegen, da in Shakespeares „Mittsommernachtstraum", der um 1595 uraufgeführt worden ist, bereits einige Blumenelfen auftreten. Da Shakespeare generell alte Themen für seine Schauspiele umgearbeitet hat, ist anzunehmen, daß auch die Blumenelfen um 1600 in England eine allen geläufige Vorstellung gewesen sind. Sie wurden „fairy" genannt und gehörten zumindestens teilweise zu einer ganz konkreten Blumenart.

Das läßt vermuten, daß es bereits vor Shakespeare die Vorstellung von Blumengeistern gegeben hat und diese Blumengeister dann später mit den „Alfen" vermischt worden sind und deren Namen übernommen haben. Diese Vermischung hat um ungefähr 1800 während der Romantik stattgefunden.

Der Begriff „Elf" ist vermutlich durch die Werke von Shakespeare in die deutsche Sprache gelangt. Bei Shakespeare bezeichnen die „Elfen" noch allgemein die Naturgeister, die durch die Umdeutung der Ahnengeistern in den Hügelgräbern entstanden sind.

- - -

Wie die oben geschilderten Erlebnisse und Überlegungen zeigen, sagt eine Betrachtung über Mythen und über die Entwicklung von Namen zunächst einmal nur etwas über die verwendeten Bilder, Worte und Konzepte der Menschen aus – aber nichts darüber, ob das durch diese Bilder und Worte Beschriebene auch tatsächlich existiert oder nicht.

Das läßt sich nur durch Versuche herausfinden. (Siehe dazu auch mein „Handbuch für Zauberlehrlinge".)

Verzeichnis der Themen

(die Zahl ist die Nummer des Bandes, in dem sich das Thema findet)

1 47	540 47	Alius 32	Aur 55
2 47	700 47	Alraune 45	Aurboda 35
3 47	800 47	Alsvatr 5	Aurgelmir 5
4 47	900 47	Alswid 34	Aurgrimnir 5
5 47	1.200 47	Althiof 7	Aurnir 34
6 47	10.000 47	Alvor 35	Aurvandil 20
7 47	432.000 47	Alwis 7	Aurwang 7
8 47	1+8=9=8+1 47	Alwit 31	Aurwang 48
9 47	**Adler** 40	Ama 35	Austri 32
10 47	Adler auf dem	Amboß 67	Auzon => Kiste
11 47	Weltenbaum 41	Amgerdr 28	Axt 66
12 47	Adler bei der	Ampfer 45	**Bafur** 32
13 47	Einweihung 40	Andad 34	Bakrauf 35
14 47	<u>Adlergestalt</u>:	Andhrimnir 39	Baldrian 45
15 47	- des Franmar 40	Andvari 7	Baldur 9
16 47	- des Hraesvelgr 40	Angantyr 39	Bara 35
17 47	- des Odin 40	Angeyja 35	Bari 6
18 47	- des Thiazi 40	Angrboda 26	Bari 20
20 47	Adler-Traum der	Ann 32	Baugi 5
22 47	Kostbera 40	Annar 20	Bär 43
23 47	Aelrun 31	Arm-Wunde 63	Bärenfell 62
24 47	Affe 44	Arngrim 6	Barke 49
28 47	Agdai 39	Apfel 45	Bärlapp 45
30 47	Ägir 10	Asen 36	Basilikum 45
32 47	Agnar 39	Asgard 52	Beifuß 45
33 47	Ahnen 36	Ask 39	Beinvidr 34
36 47	Ai 32	Aslaug 31	Bekkhild 31
37 47	Aki 6	Asperan 34	Beleidigungs-
40 47	Aki 16	Astralreise 50	Wettstreit 73
41 47	Alban 32	Asvid 6	Beli 5
46 47	Alberich 7	Atem 64	Beowulf 39
48 47	Albewin 7	Atla 35	Bergdis 28
72 47	Alcis 12	Atli 37	Bergelmir 6
80 47	Alf 6	Atward 20	Bergriese 6
90 47	Alf 32	Auchoff 34	Berg-Zwerge 32
99 47	Alfarin 34	Aud 20	Berling 32
100 47	Alfen 36	Auerhahn 40	Bertha 28
120 47	Alfhild 31	Auge 63	Berserker 62
300 47	Alfrigg 32	Augenbraue 63	Bertram 45

Bertramsgarbe 45
Besen => Stab
besonderer Schrei 64
Bestattung 64
Bestla 35
Betonica 45
Beyla 39
Biber 44
Biene 40
Bifröst 49
Bifur 32
Bikki 16
Bil 29
Bild 7
Billing 5
Billing 7
Bilsenkraut 45
Birkhuhn 40
Biört 29
Björgolfr 6
Björgulfr 34
Blain 33
Blapthvari 34
Blasebalg 67
blau 46
Blau-Menschen 36
Blau-Riesen 36
blau-schwarz 46
Blick 63
Blid 29
Blidur 29
Blind 16
Blindheit 63
Blodughadda 35
Blutsbrüder 55
Bödhild 28
Bogen 66
Bömbur 32
Bölthorn 5
Borr 34
Botewart 7
Both 20

Bragi 19
Bragi-Riesin 35
Brak 16
Brana 35
Brandingi 5
braun 46
Brenner 39
Brezel-Ornament 64
Brimir 33
Brisingamen 60
Brokk 32
Brombeere 45
Brücke 49
Bruderkampf 55
Brüngerd 35
Brünhild 31
Bruni 5
Bruni 32
Brünne 66
Brunnen 49
Buri 34
Bryja 35
Bryla 34
Bryngerd 28
Buri (Zwerg) 32
Buseyra 35
Byggvir 39
Byleist 20
Bylgia 35
Comandion 7
Dag 48
Dagfinnr 32
Dain 32
Dalar 32
Dalr 32
Delling 20
Delling 48
Dellingr 32
Delphin 44
Dietwarta 29
Disen 36
Distel 45

Diurnir 7
Dofri 34
Dolgtrasir 32
Donnerrebe 45
Dori 32
Dorn => Schlafdorn 55
Drachen 41
Drachenblut => Drachen
Drachenschiff 55
Drasian 6
Draupnir (Zwerg) 32
dreifarbiger Stein 67
dreiköpfiger Riese 5
drei Riesinnen 35
drei wahre Worte 64
Drifa 35
dritter Bruder 55
Dröfn 35
Drossel 40
Drudgelmir 5
Duf 32
Dufa 35
Dufr 32
Dulin 32
Dumbr 6
Dunneir 32
Durathor 32
Durin 32
Durnir 32
Durnir 34
Düsterwald 49
Dwalin 32
Eber 42
Eberesche 45
Edda (vollständig) 77
Efeu 45
Egdir 5
Egil 39
Ei 40
Eibe 45

Eiche 53
Eicheln 45
Eichhörnchen 44
Eid 68
Eik 28
Eikinskjaldi 32
Eimer 67
Eimgeitir 35
Eimyria 35
Einäugigkeit 63
Einheer 34
Einweihung 50
Eir 29
Eir 31
Eis 52
Eisa 35
Eisen 55
Eisenkraut 45
Eisriesen 34
Eistla 35
Eisurfala 35
Eiymyria 35
Ekstase-Kieger 62
Elch 42
Eldhrimnir 57
Eldir 39
Eldr 34
Elefant 42
Elendshaut => Hel-Haut
Else 35
Erde 52
Embla 28
Embla 39
Ente 40
Erce 20
Erdbeben 55
Erste Ursache 55
Eschenholzkasten => Kiste 57
Esel 42
Estroval 39

Eugel 7	Fiölvör 35	Frühlingstagund-	Geitla 35
Eule 40	Fiörgyn 20	nachtgleiche 54	Geitir 35
Eyrgjafa 35	Fiörgyn 23	Fulla 29	gelb 46
Faden 55	Fisch 44	Fullas Haarreif 60	Geliebter der Gefion 6
Fafnir (Zwerg) 32	Fjölverkr 34	Fullafle 34	
Fährmann 49	Fjötra 29	Fundin 32	Gerber-Schaber 67
Fala 35	Flachs 45	Fuß 63	Gerdr 28
Falkenkleid:	Flegda 35	Fylgia 50	Geri 43
- der Freya 40	Fleur-de-lys 55	Fynir 6	Gespenst 50
- der Frigg 40	Fleggr 34	Fynir 34	Gestaltwandel =>
Falke 40	Fliege 40	**Galar** 32	Verwandlung
Fallar 32	Fluch 68	Galarr 34	Gesang 68
Farbauti 6	Flügel des Wieland 40	Galdr 64	Gestilja 35
Farn 45		Gallapfel 45	Getreide 45
Farseti 6	Flügelschuhe 67	Gandalf 32	Gewöhnlicher
Faulheit =>	Flugschuhe des Loki 40	Ganglati 34	Flachbärlapp 45
Feuersitzen 55		Ganglot 6	Geysa 35
Feima 35	Fluß 49	Gangr 34	Gialar 32
Fenchel 45	Freya 22	Gangr 33	Gift 70
Fenja 28	frühe Skaldenlieder 78	Gans 40	Gifur 43
Fenrir 6		Gänsefuß 45	Gigas 6
Fenrir 43	Freyr 15	Garm 43	Gilling 6
Fernhypnose 64	Fried 29	Gautan 39	Gillings Frau 28
Ferse 63	Friedenszauber 6	Gautrek-Saga =>	Ginnar 32
Fessel 66	Fridr 29	Snotra	Ginnungagap 49
Fessel-Zauber 64	Frigg 21	Geban 20	Gjalp 35
Feuer 55	Folde 20	Geburts-Orakel 64	Glamr 34
Feuersitzen 55	Fonn 34	Gefäße 57	Glatundshundr 43
Feuerzauber 64	Forat 35	Gefion 20	Glaumar 34
Fialar 32	Forelle 44	Gefion-Geliebter 6	Glaumarr 34
Fid 32	Fornjotr 6	Gefiun 20	Glaumr 6
Fieberkraut 45	Forseti 19	Gefjon 20	Glenr 48
Fili 32	Frägr 32	Geist 50	Glitni 5
Fimafeng 39	Franmar 37	Geier 40	Glöd 35
Fimbulwinter 55	Frar 32	Geirahöd 31	Gloi 32
Finger 63	Freki 43	Geiravör 31	Glück 64
Finnalf 5	Frosti 32	Geirdriful 31	Glückstrank 70
Finnar 32	Frosti 34	Geirönul 31	Glumra 35
Finnmark-Riese 34	Fruchtbarkeit 64	Geirröd 5	Glymra 35
Fiölkald 34	Fuchs 43	Geirrota 31	Gna 29
Fiölmor 39	Frauenhaarfarn 45	Geirsköguł 31	Gneip 35
Fiölnir 20	Frühling 54	Geitir 6	Gnepja 35

Goi 34
Gold 55
Goldalter 55
Goldemar 7
golden 46
Goldhelm 66
Goldhörner von Gallehus 57
Göll 31
Golnir 5
Göndul 31
Gorr 34
Görsemi 29
Götter 36
Götterdämmerung 55
Götterkampf 55
Göttermet 69
Götter-Tiere 44
Gottesurteil 64
Gurgelbiß 55
Grab 49
Grani 6
grau 46
Grendel 5
Grendels Mutter 35
Greppur 34
Grer 32
Grid 28
Grid 35
Grim 5
Grim 39
Grima 35
Grimhild 31
Grimling 5
Grimnir 5
Grim Struppig-Wange 79
Grip 35
Gripir 34
Grissa 35
Groa 28
Grottintanna 35

Grotunagard 52
grün 46
Gryla 35
Gudr 31
Gudrun 31
Gudmund 5
Gullnir 5
Gullveig 29
Guma 35
Gundelrebe 45
Gunn 31
Gunnlöd 28
Gunnthinga 31
Gürtel 60
Gusir 6
Gygr 35
Gylfaginning 77
Gyllir 5
Gyllir 34
Gyma 20
Gymir 5
Haarband 60
Haare 63
Habicht 40
Hafle 34
Hafli 5
Hafthi 39
Hagen 16
Hahn 40
Hala 35
Halfdan 39
Halfdan Brana-Ziehsohn 79
Halfdan Eisteinson 79
Hamdir 39
Hamingja 50
Hammer 66
Hand 63
Handschuhe 60
Hanf 45
Hannar 32
Hantel-Symbol 55

Har 32
Hära 35
Hardbeen 6
Hardgreip 35
Hardgreipir 34
Hardverkr 34
Harek Eisenkopf 6
Harfe 57
Harz 45
Hase 44
Hasel 45
Hastingi 34
Hati 5
Hati 43
Hattatal 77
Haudr 20
Haugspori 32
Haym 34
Hecht 44
Hedin 39
Hedin und Högni 79
Hefring 35
Heid 35
Heiddraupnir 5
Heide 49
Heidrek 39
Heidungi 6
Heilige Hochzeit => Wiederzeugung 55
Heiliger Hain = Weltenbaum 52
Heilung 64
Heilziest 45
Heimdall 8
Heimir 39
Heinir 34
Heith 35
Heithdraupnir 5
Hel 26
Helblindi 20
Helgi 39
Helgi Thorisson 79

Hel-Haut 49
Helidi 27
Hellebarde 66
Helreginn 5
Helm 66
Hengikefta 35
Hengiköpt 6
Hengjankapta 35
Hepti 32
Herbst 54
Herbsttagundnachtgleiche 54
Herche 20
Herdentiere 42
Herdentierfell 42
Herfjötur 31
Hergrim Halbtroll 5
Hergunnur 35
Heri 32
Herja 31
Herkir 6
Herkja 35
Hermodr 37
Hertha 28
Hervor => Heidrek
Hervor und Heidrek => Heidrek
Herz 63
Hexe 58
Hianka 31
Hidde 34
Hild 31
Hildolf 5
Hildolf 20
Himingläva 35
Himmel 52
Himmelsrichtungs-Mandala 54
Himmelsträger-Zwerge 32
Hirsch 42
Hjaltrimul 31

Hjortrimul 31	Hraudnir 6	Hymir 6	Jenseitsbarke 49
Hjötra 28	Hraudungr 5	Hymnen an die Götter 80	Jenseitsberge 49
Hjuki 29	Hrede 29		Jenseitsbrücke 49
Hläwang 32	Hreidmar 7	Hyndla 26	Jenseitsfährmann 49
Hlebard 6	Hremsa 35	Hypnose 64	Jenseitsfluß 49
Hleidr 35	Hrimgerdr 28	Hyrrokkin 26	Jenseitsgrenzen-Landkarte 49
Hler 10	Hrimgerdr 35	**Idi** 34	
Hlidolf 32	Hrimgrimnir 34	Idun 25	Jenseitshalle 49
Hlif 29	Hrimnir 34	Igel 44	Jenseitsinsel 49
Hlifthursa 29	Hrim-Riesen 34	Illugi Grid-Ziehsohn 79	Jenseitsleiter 49
Hlin 29	Hrimthurs 34		Jenseitsmauer 49
Hlodyn 20	Hringi 5	Ilmr 29	Jenseitsreise 49
Hlödyn 20	Hringvölnir 5	Ima 35	Jenseitstor 49
Hloi 34	Hripstodr 34	Imd 35	Jenseitstor-Gitter 49
Hlöll 31	Hrist 31	Imgerdr 35	Jenseitstor-Hund 49
Hlora 35	Hrist 29	Imr 6	Jenseitswächter 49
Hnoss 29	Hrisungr 6	Imsigul 34	Jenseitswald 49
Hochsitz 57	Hroarr 5	Imth 35	Jenseitswasser => Wasser 49
Hochsitzsäulen 57	Hrod 35	In 20	
Hoddraupnir 5	Hrodwitnir 5	Ingibjörg 29	Jenseitsweg 49
Hoddrofnir 5	Hrodwitnir 43	Ingibiörg 31	Johanniskraut 45
Hödur 19	Hrökkvir 6	Intuition 64	Jokul 34
Hofund 19	Hrönn 35	Inzest 51	Jokul Eisenrücken 34
Höggstari 32	Hrossthjofr 34	Irmin 20	Jörd 23
Högni 16	Hrotti 5	Irpa 29	Jomali 20
Högni 39	Hruga 28	Istwas 20	Jörmungandr 41
höhere Mächte 36	Hrungnir 5	Itrek 5	Jörmunrek 39
Holmgang => Zweikampf 55	Hrungnir-Herz 67	Itreksjod 5	Jorunn 29
	Hryggda 35	Itreksjod 20	Jötunn 6
Holunder 45	Hyria 35	Ividja 35	Jotunbjorn 6
Homöopathie 64	Hrym 34	Iwaldi 5	Julnacht 54
Honig 40	Hrund 31	Iwalt 5	**Käfer** 40
Honigtau 45	Hügelgrab 49	Iwiedie 29	Kaldgrani 34
Hönir 18	Hugin 40	**Jari** 32	Kamille 45
Horn 57	Huhn 40	Jamtaland-Zwerg 7	Kampfmagie 64
Horn (Riesin) 35	Huldar 28	Jarngerdr 28	Kannibalismus 55
Hörn 29	Hund 43	Jarnglumra 35	Kara 31
Hörn 35	Hundalfr 6	Jarnhauss 6	Karabin 34
Horn-Neb 35	Hunding 16	Jarnnef 34	Kari 6
Hornbori 32	Hvalr 6	Jarnsaxa 28	Katze 43
Hraesvelgr 6	Hvedra 35	Jarnvidja 35	Kausalität 55
Hrafnhild 35	Hvedrungr 16	Jenseits 49	Keila 34

Keiler 42	**Lachanfall** 64	Luchs 43	Miötwitnir 32
Kenningar 75	Lachen 55	Lutr 34	Mjoll 34
Kerbel 45	Lachs 44	Lyngheid 35	Modgudr 29
Kessel 57	Landgeister 36	**Magni** 19	Modgudr 31
Keule 66	Lauch 45	Malseron 34	Modi 19
Kiebitz 40	Laufey 26	Mana 35	Modrädnir 32
Kili 32	Laurin 7	Managarm 43	Modsognir 7
Kisi 34	Laus 40	Mannus 20	Mögthrasir 6
Kiste 57	Leber 63	Mardalla 27	Moin 32
Kjallandi 6	Leib 63	Marder 43	Mökkurkjalfi 6
Kjallandi 35	Leidi 34	Margerdr 35	Molda 35
Klaufi 34	Leifi 6	Margerthur 35	Mona 20
Klee 45	Leifnir 6	Mangold 45	Mond 48
Kleima 35	Leikn 35	Mantel 67	Mondul 32
Knochen 67	Leimrute 66	Mantel der Nanna 67	Moosfrau von Saalfeld 32
Knoten 64	Leiter 49	Marnar 29	Moosleute von Arntschgereute 32
Kobolde 36	Leirvör 35	Märzviole 45	
Kol der Bucklige 39	Leopard 43	Maske => Helm	Mörn 35
Kolfrosta 28	Lerche 40	Maus 44	Möwe 40
Kolga 35	Lidskialf 20	Meer 49	Mühle 66
Kopf 63	Liebestrank 70	Meer der Zeit 55	Mundilfari 6
Kormoran 40	Liebeszauber 64	Meer-Menschen 36	Munin 40
Korn 45	Lif 39	Mehlbeere 45	Munnharpa 35
Körperteile 65	Lifthrasir 39	Mehltau 45	Münze 67
Köttr 34	Litr 6	Meili 9	Muspel 6
Kraftgütel => Gürtel	Litr 32	Meise 40	Muspelheim => Feuer 52
Krähe 40	Ljod 29	Menglöd 22	
Kraka 31	Ljota 35	Menja 28	Myrkrida 35
Kranich 40	Lodin 6	Menschenopfer 64	Myrkvid 49
Kräuter 45	Lodinfingra 35	Messer 66	**Nabbi** 32
Kreppvör 35	Lodur 16	Midgard 52	Nacktheit 60
Kriegerin 62	Lofar 7	Midgardschlange 41	Nadel 55
Kreuzblume 45	Lofn 29	Midi 6	Nägel 55
Kreuzkraut 45	Lofnheid 35	Midjungr 34	Naglfar 49
Krönung 64	Logi 34	Midwitnir 6	Nain 32
Kröte 44	Loki 16	Mimir 6	Nali 32
Kuckuck 40	Loni 32	Mist 31	Namensgebung 64
Kuril 6	Lopthoena 28	Mistel 45	Nanna 21
Kult 55	Lori 35	Mistkäfer 40	Nauma (Hel) 35
Kundalini 64	Loricus 6	Mittelpfeiler => Yggdrasil	Nar 32
Kwasir 20	Löwe 43		Narfi 6
Kyrmir 6	Löwenmäulchen 45	Mittsommer 54	

Nari Loki-Sohn 19	Nyi 32	Priester 60	Ringkampf 55
Nati 6	Nyr 32	Priesterin 58	Rist 31
Naudir 36	Nyrad 32	Prolog (Edda) 77	Robbe 44
Nebel 64	**Oddrun** 31	Prophezeiung 71	Rögnir 7
Nefia 35	Odin 13/14	Pukis 36	Rose 45
Nehalennia 29	Odr 20	**Rabe** 40	Röskva 37
Neri 30	Ofoti 5	Rad 67	rot 46
Neris Schwester 30	Öflugbarda 35	Radgrid 31	rota 31
Nerthus 28	Öflugbardi 6	Radvör 35	Rotkehlchen 40
Nepr 20	Ogautan 39	Ragnar Lodenhose 39	Rücken 63
Nessel 45	Ogladnir 6	Ragnarök 55	Rud 35
Netz 67	Ogn 35	Ran 27	Rudent 6
Neuentstehung aus den Knochen 55	Ohr 63	Randalin 31	Rudi 34
	Oin 7	Randgnid 31	Runa 35
neun Heimdall-Mütter 35	Olius 32	Randgrid 31	Runen 72
	Ölwaldi 5	Rangbeinn 5	Runenkästchen von Auzon => Kiste
neun Schwestern 35	Omen 71	Rasereitrank 70	
Niblung 7	Onarr 48	Raswid 32	Runenstein 64
Niblung 39	Öndudr 6	Rätsel 76	Runenstein von Ardre 64
Nicor 34	Onn 32	Raud 34	
Nid 64	Opfer 64	Raugnir 34	Rußland-Riese 6
Nidi 32	Orakel 71	Raum 6	Rütze 35
Nidr 28	Oregano 45	Reck 32	Rygi 35
Nidud 16	Ori 32	Regenbogenbrücke 49	**Saemdill** 6
Nieswurz 45	Örnir 6		Saga 28
Niflheim => Eis 52	Ortnit 34	Regin 7	Sährimnir 42
Niping 32	Ösgrui 5	Reginleif 31	Säkarsmuli 6
Nirdir 10	Öskrudr 34	Reiher 40	Salbei 45
Niola 48	Ostara 29	Rentier 42	Salfangr 6
Njola 48	Osten 54	Riesen auf der West-Insel 6	Sam 34
Njörd 10	Otr 32		Sämingr 39
Njörun 29	Otter 44	Riesen-Baumeister 6	Sanngrid 31
Nölvi 10	Otunfaxe 39	Riesen von Feldkirchen 34	Sati 51
Norden 54	**Penis** 55		Säule => Weltenbaum 52
Nordosten 54	Perchta 28	Riesen von Lichtenberg 35	
Nordri 32	persönliches Glück 64		Saxnot 20
Nordwesten 54	Pfeil 66	Rifingalfa 35	Sceaf 20
Nori 32	Pferd 42	Rifingöflu 35	Schachtelhalm 45
Nornen 30	Pferdezwillinge 12	Rigingöflu 35	Schädelschale 63
Norr 34	Pflug 67	Rind 42	Schadenszauber 64
Norr 48	Phol 9	Rindr 20	Schaf 42
Nott 48	Polygamie 55	Ring 57	Schafgarbe 45

Schaumkraut 45	Siar 32	Skorpion 40	Sternbild 55
Schierling 45	Sichel => Sense	Skrati 34	Stigandi 5
Schild 66	sieben Schwestern 28	Skrymir 5	Storch 40
Schlafdorn 55	Siegfried 38	Skrimnir 5	Storkvid 34
Schlangen 41	Sieglind 31	Skuld 30	Stoverkr 34
Schlangenauge 63	Siegstein 67	Slagfid 39	Strahlen-Breitsame 45
Schlangengrube 49	Sif 24	Sleggja 35	Strudel 49
Schlangenzunge 63	Sigdrifa 31	Snae 34	Struthan 34
Schleifstein => Wetzstein	Sigurd 38	Snotra 29	Stumi 5
	Sigi 39	Solbiart 5	stumm 63
Schmetterling 40	Sigrlami 39	Sohn der Freya 19	Süden 54
Schmied 4	Sigrun 31	Sohn des Freyr 19	Südosten 54
Schmied 55	Sigyn 28	Solblindi 5	Sudri 32
Schnecke 44	silbern 46	Sölfn 29	Südwesten 54
Schneeweiß-Goldschöne 28	Simul 31	Sommer 54	Surtur 6
	Sinmara 28	Somr 5	Suttung 6
Schuh 63	Sindri 32	Sonne 48	Svada 5
Schutzgeist => Fylgja/Hamingja	Sinthgunt 29	Sonnengöttin 48	Svadi 5
	Sivör 35	Sonnenhymne 64	Svaf 7
Schutzzauber 64	Sjuld 31	sonstige Magie 64	Svarangr 5
Schwalbe 40	Skadi 20	Sörli 39	Svasudr 6
Schwan 40	Skafid 32	Spatz 40	Svatr 6
Schwanenkleider der Walküren 40	Skalden 61	Specht 40	Sveid 31
	Skaldatal 77	Speer 66	Sveipinfalda 35
Schweden-Riese 6	Skaldenlieder 78	Sperber 40	Svidi 6
Schwein 42	Skaldinnen 61	sprechende Tiere 41	Svip 5
Schwert 66	Skalli 34	Sprichworte 74	Svipul 31
Schwitzhütte 64	Skalmöld 31	Spindel 55	Svivör 31
sechsköpfiger Riese 6	Skadskaparmal 77	Spinnerin 55	Swaf 20
Seehund 44	Skärir 5	Spiritus familiaris 36	Swanhild 31
Seekuh 44	Skeggiöld 31	Sprettingr 5	Swanwit 31
Seelenvogel 40	Skidbladnir 49	Stab 67	Swawa 31
Seelenvogel 50	Skimsli 5	Starkad 6	Swior 32
Segen 68	Skirnir 37	Starkad 39	Swipdag 20
Seher 60	Skirkjar 35	Stärketrank 70	Syn 29
Seherin 58	Skirwir 32	Statue 57	Syr 29
Seidelbast 45	Skjalf 29	Stein 64	**Tafl** 57
Seidr 64	Skjalv 34	Steine und Edelsteine 64	Tal 52
Sel 6	Skjellinefja 29	Steinigung 55	Tamfana 29
seltsamer dritter Bruder 55	Skjöldr 39	Stern 48	Tarn-Kappe 67
Sense 67	Skögul 31	Sternbild 48	Tarn-Umhang 67
	Sköll 43		

Tasche 60
Tätowierungen 55
Tattoo 60
Tau 52
Taufe 64
Teer 45
Telemark-Riese 5
Telepathie 64
Teller 57
Tempel 56
Teufelsabbiß 45
Thagnar 31
Theck 32
Thialfi 37
Thiazi 5
Thing 73
Thiodwitnir 34
Thistilbardi 34
Thjodrerir 7
Thögn 31
Thökk 35
Thor 17
Thora 28
Thorgerdr Hölgabrudr 29
Thorin 7
Thorir 6
Thorn 5
Thorstein Haus-Macht 79
Thrain 32
Thrasir 6
Thrigeitir 5
Thrivaldi 5
Thröng 29
Thror 7
Thror 20
Thror 32
Thorri 34
Thrud 31
Thrudgelmir 5
Thrudr 29

Thrungva 29
Thrym 6
Thulur 77
Thundr 6
Thundr 29
Thurbiörd 35
Tiere 44
Tiere der Götter 44
Tierfelle 60
Tierfelle bei Hinrichtungen 67
Tor 49
Torfa 35
Tote wiederbeleben 64
Tragestange 67
Trana 35
Traum 71
Traumdeutung 71
Traumfrau 31
Trima 31
Trolle 36
Trona 35
Tuch 57
Tuisto 20
Tuisto 33
Turm 56
Tyr 3
Tyr-Riesen 5
Udr 35
Uffe 39
Ulfhedinn 62
Ulfrun 35
Ullr 11
Umhang => Mantel 60
Uni 20
Unn 35
Unsichtbarkeit 64
Unsichtbarkeits-Stein 67
Urd 30

Uri 20
Utgard 52
Utgardloki 6
Ungeheur 41
Utiseta 50
Vagnhöftdi 34
Valbrandur 5
Vali Loki-Sohn 19
Valthögn 31
Vandil 5
Vandlir 5
Var 29
Vardrun 28
Vardrun 35
Vardruna 35
Vasad 6
Vatermord 55
Velle 5
Venus 48
Verbene 45
Verdandi 30
Vervielfältigung von Körperteilen 65
Vergessenheitstrank 70
Verirren auf der Hirschjagd 55
Verr 34
Verwandlung:
- einer Frau in einen Mann 65
- einer Frau in eine andere Frau 65
- eines Mannes in eine Frau 65
- in Adler 65
- in Bär 65
- in Drache 65
- in Eber 65
- in Falke 65
- in Fliege 65
- in Floh 65

- in Fuchs 65
- in Geier 65
- in Habicht 65
- in Hecht 65
- in Hirsch 65
- in Hund 65
- in Krähe 65
- in Lachs 65
- in Löwe 65
- in Mücke 65
- in Otter 65
- in Pferd 65
- in Rabe 65
- in Rind 65
- in Robbe 65
- in Schlange 65
- in Schwalbe 65
- in Schwan 65
- in Seekuh 65
- in Spinne 65
- in Tier 65
- in Vogel 65
- in Wal 65
- in Walroß 65
- in Widder 65
- in Wolf 65
- in Ziege 65
- in Ziegenbock 65
Vidblindi 5
Viddi 34
Vidgreipr 34
Vidgymir 5
vier Riesen-Ritter 34
vier Stier-Riesen 34
viertüriges Haus 52
Vifflöd 29
Vignir 34
Vikarr 6
Vilja 20
Vindr 34
Vingnir 6
Vingrip 34

Vipar 34
Vogel 40
Vogelsprache 64
Volkrast 7
Vör 29
Vörnir 34
Vulkan-Riese 34
Waage 64
Waberlohe 49
Wächter 49
Wafthrudnir 6
Wagen 67
Wagnhofde 6
Wal 44
Wälder =>
Weltenbaum 52
Wald-Riesin 35
Wali 19
Wali 32
Walküren 31
Walnuß 45
Walroß 44
Waltam 20
Wandteppich => Tempel
Wanen 36
Warkald 6
Warr 20
Wasser 52
We 20
Weberin 55
Wegdrasil 20
Wegerich 45
Wegetritt 45

Wegwarte 45
Weig 32
Weihung => Segen
Weinen 55
weiß 46
Weisheiten 74
Weisheitstrank 70
Weißstern 39
Weltenbaum 53
Weltesche 53
Wespe 40
Westen 54
Westri 32
Wetter 64
Wettlauf 55
Wetttrinken 55
Wetzstein 67
Wichte 36
Widar 19
Widfinnr 5
Wiedergeburt 51
Wiederholungen 55
Wiederzeugung 51
Wieland 4
Wiesel 43
Wig 32
Wigrid 55
Wili 20
Wili (Zwerg) 32
Wind (Magie) 64
Wind 52
Windalf 32
Windloni 6
Windswal 6

Winter 54
Winteranfang 54
Wirwir 32
Witr 32
Witwen-Selbstmord 51
Wolf 43
Wolfsfell 62
Wortschatz Magie 64
Wohlstandszauber 64
Wucherblume 45
Wurzel 45
Wyrd 30
Yggdrasil 53
Ymir 33
Ymis 33
Yngvi 32
Zahlen 47
Zähne 63
Zauberer 59
Zauberin 58
Zaubersprüche 68
Zeh 63
Ziegen 42
Zisa 29
Zunge 63
Zweikampf 73
zweiköpfige Riesen 34
zwei Zwerge 32
Zwerg auf dem Felsen 32
Zwergberg zu Aachen 32

Zwerge 32
Zwerge:
- im Berg 32
- im Gebirge 32
- Kuttenberg 32
- Untersberg 32
- Blankenburg 32
- Bonikau 32
- Dardesheim 32
- Eilenburg 32
- Elbogen 32
- Glaß 32
- Hohenstein 32
- Heilingsfelsen 32
- Nünberg 32
- Osenberg 32
- Plesse 32
- Rosenberg 32
- Selbitz 32
- Sion 32
Zwerg:
- Gebirge 32
- Kyffhäuser 32
- Hohenstein 32
- Dresden 32
- Hoia 32
- Lützen 32
- Ralligen 32
- Rantzau 32
- Scherfenberg 32
- Thorgau 32
Zwillinge 55